20日完成

スピードマスター
歴史総合問題集

黒河潤二・田中駿一 編

山川出版社

本書の目的と使用法

本書は、定期考査での得点力の向上や大学入試での合格力の養成を目的に、歴史総合の問題を解答する際に必要とされる用語を短期間で覚え、正解できるようになることをねらいとした問題集です。したがって本書には、高等学校の定期考査や大学入試対策に必要な内容が網羅されています。その内容も、要点を精選して簡潔にまとめていますので、表題にもあるとおり、教科書を一通り読んだうえで、1日に1テーマずつ学習すれば、20日という短期間で歴史総合のほぼすべての内容をマスターすることができます。

本書では、各テーマごとに内容を整理してSummaryにまとめ、その次にSpeed Checkという空欄補充の演習問題を用意しました。

また、歴史総合の問題では資料が多用されることに鑑(かんが)み、Summaryの終わりに資料を掲載し、あわせてそれらを読み解く際のポイントを【解説】として示しました。【解説】を読むことで、無理なく歴史総合で高得点をとるために必要な、資料読解力を身につけることができます。

さらに本書を活用して、難関大学の入試に対応できる応用力を身につけるためには、教科書に掲載されている資料を読み込んだり、図録・図説などで地名を地図上に書き込んだりすることも大切です。歴史総合では、風刺画のような絵画作品も資料として扱われますので、教科書に掲載されている絵画の確認も怠らないようにしましょう。

これまで述べてきたように、本書は短期間で効率よく歴史総合の内容を覚えることをねらいとした問題集です。現行の学習指導要領では、これまで以上に思考力・判断力が求められるようになっていますが、基礎となる知識・技能がなければ、これらを伸ばしていくことはできません。本書を通じて身につけた歴史総合の学習のために必要な基礎力をもとに大学入試を突破し、歴史学の研究を深めてくれる人がひとりでも多く育つことを願ってやみません。

この問題集を歴史総合の学習に前向きに取り組もうとする、すべてのみなさんに捧げます。

2024年1月

編者

Summary

❶ 重要事項を表で整理し、体系的な理解をたすけます。
❷ 赤色ゴシック・黒色ゴシックは、定期考査や入試でよく問われる重要用語を示しています。
❸ 記号について、→は因果関係、➡は時系列(歴史の流れ)を示しています。
歴史用語の解説や補足解説が必要な内容については、❖につづいて解説しています。
❹ 本書で使用しているおもな国名の略称は以下の通りです。
米…アメリカ合衆国、英…イギリス(またはイングランド)、仏…フランス、
独…ドイツ、伊…イタリア、墺…オーストリア、露…ロシア
❺ 資料引用について、前略·後略は特別には記していません。また一部改変したところもあります。

Speed Check

❻ Summaryと同じ構成で効率的に学習ができます。
❼ まずはじめに、年表で歴史の流れが確認できます。
❽ チェックボックスでふりかえり学習もスムーズにおこなえます。
❾ 空欄はSummary中の赤ゴシックで示されている用語、赤ゴシックはSummary中では黒ゴシックで示されている用語です。
❿ 各テーマの最後ではステップ・アップ・テストで、大学入学共通テストやセンター試験の過去問から抜粋した正誤判定問題にチャレンジできます。

別冊解答

⓫ チェックボックスつきで、復習をしやすくしています。
⓬ 縦に並べることで、答え合わせもしやすくしています。

本書の特色

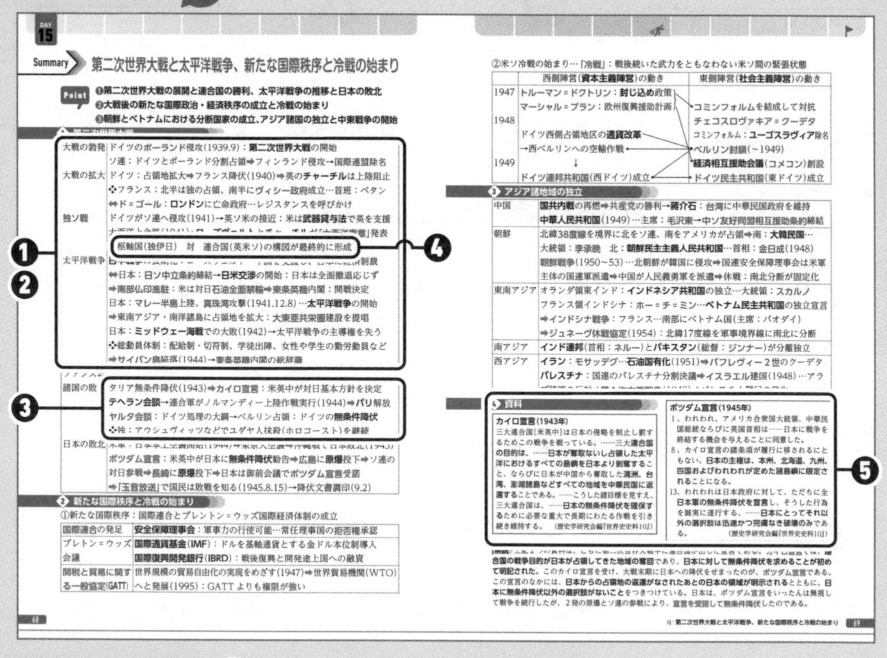

DAY 15

Summary 第二次世界大戦と太平洋戦争、新たな国際秩序と冷戦の始まり

Point
❶第二次世界大戦の展開と連合国の勝利、太平洋戦争の推移と日本の敗北
❷大戦後の新たな国際政治・経済秩序の成立と冷戦の始まり
❸朝鮮とベトナムにおける分断国家の成立、アジア諸国の独立と中東戦争の開始

大戦の勃発	ドイツのポーランド侵攻(1939.9)：**第二次世界大戦**の開始
	ソ連：ドイツとポーランド分割占領➡フィンランド侵攻→国際連盟除名
大戦の拡大	ドイツ：占領地拡大➡フランス降伏(1940)➡英の**チャーチル**は上陸阻止
	✣フランス：北半は独の占領、南半にヴィシー政府成立…首班：ペタン
	⟺ド＝ゴール：**ロンドン**に亡命政府…レジスタンスを呼びかけ
独ソ戦	ドイツがソ連へ侵攻(1941)→英ソ米の接近：米は**武器貸与法**で英を支援
	枢軸国(独伊日) 対 連合国(英米ソ)の構図が最終的に形成
太平洋戦争	⟺日本：日ソ中立条約締結➡**日米交渉**の開始：日本は全面撤退応じず
	➡南部仏印進駐：米は対日石油全面禁輸➡東条英機内閣：開戦決定
	日本：マレー半島上陸、真珠湾攻撃(1941.12.8)…**太平洋戦争**の開始
	➡東南アジア・南洋諸島に占領地を拡大：大東亜共栄圏建設を提唱
	日本：**ミッドウェー海戦**での大敗(1942)→太平洋戦争の主導権を失う
	✣総動員体制：配給制・切符制、学徒出陣、女性や学生の勤労動員など
	➡サイパン島陥落(1944)→東条英機内閣の総辞職
諸国の敗	タリア無条件降伏(1943)➡**カイロ宣言**：米英中が対日基本方針を決定
	テヘラン会談→連合軍がノルマンディー上陸作戦実行(1944)➡**パリ**解放
	ヤルタ会談：ドイツ処理の大綱→ベルリン占領：ドイツの**無条件降伏**
	✣独：アウシュヴィッツなどでユダヤ人抹殺(ホロコースト)を継続
日本の敗北	**ポツダム宣言**：米英中が日本に**無条件降伏**勧告➡広島に**原爆**投下➡ソ連の対日参戦➡長崎に**原爆**投下➡日本は御前会議でポツダム宣言受諾
	➡「玉音放送」で国民は敗戦を知る(1945.8.15)→降伏文書調印(9.2)

❷ 新たな国際秩序と冷戦の始まり

①新たな国際秩序：国際連合とブレトン＝ウッズ国際経済体制の成立

国際連合の発足	**安全保障理事会**：軍事力の行使可能…常任理事国の拒否権承認
ブレトン＝ウッズ会議	**国際通貨基金**(**IMF**)：ドルを基軸通貨とする金ドル本位制導入 **国際復興開発銀行**(**IBRD**)：戦後復興と開発途上国への融資
関税と貿易に関する一般協定(GATT)	世界規模の貿易自由化の実現をめざす(1947)➡世界貿易機関(WTO)へと発展(1995)：GATTよりも権限が強い

②米ソ冷戦の始まり…「冷戦」：戦後続いた武力をともなわない米ソ間の緊張状態

	西側陣営(**資本主義陣営**)の動き	東側陣営(**社会主義陣営**)の動き
1947	トルーマン＝ドクトリン：**封じ込め**政策 マーシャル＝プラン：欧州復興援助計画	コミンフォルムを結成して対抗
1948	ドイツ西側占領地区の**通貨改革** →西ベルリンへの空輸作戦	チェコスロヴァキア＝クーデタ コミンフォルム：**ユーゴスラヴィア**除名 ベルリン封鎖(～1949)
1949	ドイツ連邦共和国(西ドイツ)成立	**経済相互援助会議**(コメコン)創設 ドイツ民主共和国(東ドイツ)成立

❸ アジア諸地域の独立

中国	**国共内戦**の再燃➡共産党の勝利➡**蔣介石**：台湾に中華民国政府を維持 **中華人民共和国**(1949)…主席：毛沢東➡中ソ友好同盟相互援助条約締結
朝鮮	北緯38度線を境界に北をソ連、南をアメリカが占領➡南：**大韓民国**…大統領：李承晩　北：**朝鮮民主主義人民共和国**…首相：金日成(1948) 朝鮮戦争(1950～53)…北朝鮮が韓国に侵攻➡国連安全保障理事会は米軍主体の国連軍派遣➡中国が人民義勇軍を派遣➡休戦：南北分断が固定化
東南アジア	オランダ領東インド：**インドネシア共和国**の独立…大統領：スカルノ フランス領インドシナ：ホー＝チ＝ミン…**ベトナム民主共和国**の独立宣言 ➡インドシナ戦争：フランス…南部にベトナム国(主席：バオダイ) ➡ジュネーヴ休戦協定(1954)：北緯17度線を軍事境界線に南北に分断
南アジア	**インド連邦**(首相：ネルー)と**パキスタン**(総督：ジンナー)が分離独立
西アジア	**イラン**：モサッデグ…**石油国有化**(1951)➡パフレヴィー2世のクーデタ **パレスチナ**：国連のパレスチナ分割決議➡イスラエル建国(1948)…アラ

❹ 資料

カイロ宣言(1943年)
三大連合国[米英中]は日本の侵略を制止し罰するためこの戦争を戦っている。……三大連合国の目的は、……日本が奪取ないし占領した太平洋におけるすべての島嶼を日本より剝奪すること、ならびに日本が中国から奪取した満洲、台湾、澎湖諸島などすべての地域を中華民国に返還することである。……こうした諸目標を見すえ、三大連合国は、……日本の無条件降伏を確保するために必要な重大で長期にわたる作戦を引き続き維持する。（歴史学研究会編『世界史史料10』）

ポツダム宣言(1945年)
1、われわれ、アメリカ合衆国大統領、中華民国総統ならびに英国首相は……日本に戦争を終結する機会を与えることに同意した。
8、カイロ宣言の諸条項が履行に移されるにともない、日本の主権は、本州、北海道、九州、四国およびわれわれが定めた諸島嶼に限定されることになる。
13、われわれは日本政府に対して、ただちに全日本軍の無条件降伏を宣言し、そうした行為を誠実に遂行する、……日本にとってそれ以外の選択肢は迅速かつ完璧なき破壊のみである。（歴史学研究会編『世界史史料10』）

合国の戦争目的が日本が占領してきた地域の奪回であり、日本に対して無条件降伏を求めることが初めて明記された。このカイロ宣言を受け、大戦末期に日本への降伏をせまったのが、ポツダム宣言である。この宣言のなかには、日本からの占領地の返還がなされたあとの日本の領域が明示されるとともに、日本に無条件降伏以外の選択肢がないことをつきつけている。日本は、ポツダム宣言をいったんは無視して戦争を継続したが、2発の原爆と ソ連の参戦により、宣言を受諾して無条件降伏したのである。

68　　15｜第二次世界大戦と太平洋戦争、新たな国際秩序と冷戦の始まり　69

Output!

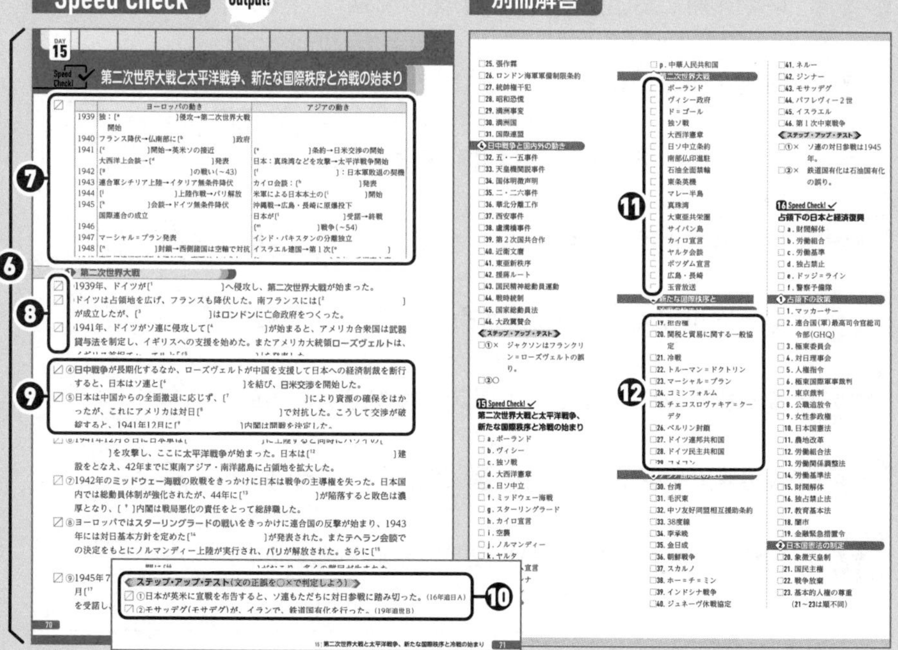

別冊解答

DAY 15

Speed Check! 第二次世界大戦と太平洋戦争、新たな国際秩序と冷戦の始まり

	ヨーロッパの動き	アジアの動き
1939	独：[ᵃ　　]侵攻→第二次世界大戦開始	
1940	フランス降伏→仏南部に[ᵇ　　]政府	
1941	[ᶜ　　]開始→英米ソの接近 大西洋上会談→[ᵈ　　]発表	[ᵉ　　]条約→日米交渉の開始 日本：真珠湾などを攻撃→太平洋戦争開始
1942	[ᶠ　　]の戦い(～43)	[ᵍ　　]：日本軍敗退の契機
1943	連合軍シチリア上陸→イタリア無条件降伏	カイロ会談：[ʰ　　]発表
1944	[ⁱ　　]上陸作戦→パリ解放	米軍による日本本土の[ʲ　　]開始
1945	[ᵏ　　]会談→ドイツ無条件降伏 国際連合の成立	沖縄戦→広島・長崎に原爆投下 日本が[ˡ　　]受諾→終戦
1946		[ᵐ　　]戦争(～54)
1947	マーシャル＝プラン発表	インド・パキスタンの分離独立
1948	[ⁿ　　]封鎖→西側諸国は空輸で対抗	イスラエル建国→第1次[ᵒ　　]

❶ 第二次世界大戦

①1939年、ドイツが[¹　　]へ侵攻し、第二次世界大戦が始まった。
②ドイツは占領地を広げ、フランスも降伏した。南フランスには[²　　]が成立したが、[³　　]はロンドンに亡命政府をつくった。
③1941年、ドイツがソ連に侵攻して[⁴　　]が始まると、アメリカ合衆国は武器貸与法を制定し、イギリスへの支援を始めた。またアメリカ大統領ローズヴェルトは、
④日中戦争が長期化するなか、ローズヴェルトが中国を支援して日本への経済制裁を断行すると、日本はソ連と[⁶　　]を結び、日米交渉を開始した。
⑤日本は中国からの全面撤退に応じず、[⁷　　]により資源の確保をはかったが、これにアメリカは対日[⁸　　]で対抗した。こうして交渉が破綻すると、1941年12月に[⁹　　]内閣は開戦を決定した。
⑥1941年12月8日に日本軍は[　　]に上陸すると同時にハワイの[　　]を攻撃し、ここに太平洋戦争が始まった。日本は[¹²　　]建設をとなえ、42年までに東南アジア・南洋諸島に占領地を拡大した。
⑦1942年のミッドウェー海戦の敗戦をきっかけに日本は戦争の主導権を失った。日本国内では総動員体制が強化されたが、44年に[¹³　　]が陥落すると敗色は濃厚となり、[¹⁴　　]内閣は戦局悪化の責任をとって総辞職した。
⑧ヨーロッパではスターリングラードの戦いをきっかけに連合国の反撃が始まり、1943年には対日基本方針を定めた[¹⁵　　]が発表された。またテヘラン会談での決定をもとにノルマンディー上陸が実行され、パリが解放された。さらに[¹⁶
⑨1945年7月[¹⁷　　]を受諾し、

ステップ・アップ・テスト(文の正誤を○×で判定しよう)
①日本が英米に宣戦を布告すると、ソ連もただちに対日参戦に踏み切った。(16年追日A)
②モサッデグ(モサデグ)が、イランで、鉄道国有化を行った。(19年追世B)

70　　15｜第二次世界大戦と太平洋戦争、新たな国際秩序と冷戦の始まり　71

25. 張作霖
26. ロンドン海軍軍備制限条約
27. 統帥権干犯
28. 昭和恐慌
29. 満洲事変
30. 満洲国
31. 国際連盟

❹日中戦争と国内外の動き
32. 五・一五事件
33. 天皇機関説事件
34. 国体明徴声明
35. 二・二六事件
36. 華北分離工作
37. 西安事件
38. 盧溝橋事件
39. 第2次国共合作
40. 近衛文麿
41. 東亜新秩序
42. 援蔣ルート
43. 国民精神総動員運動
44. 戦時統制
45. 国家総動員法
46. 大政翼賛会

ステップ・アップ・テスト
①× ジャクソンはフランクリン＝ローズヴェルトの誤り。
②○

15 Speed Check! 第二次世界大戦と太平洋戦争、新たな国際秩序と冷戦の始まり
a. ポーランド
b. ヴィシー
c. 独ソ戦
d. 大西洋憲章
e. 日ソ中立
f. ミッドウェー海戦
g. スターリングラード
h. カイロ宣言
i. 空襲
j. ノルマンディー
k. ヤルタ

p. 中華人民共和国

❶第二次世界大戦
ポーランド
ヴィシー政府
ド＝ゴール
独ソ戦
大西洋憲章
日ソ中立条約
南部仏印進駐
石油全面禁輸
東条英機
マレー半島
真珠湾
大東亜共栄圏
サイパン島
カイロ宣言
ヤルタ会談
ポツダム宣言
広島・長崎
玉音放送

❷新たな国際秩序と
19. 拒否権
20. 関税と貿易に関する一般協定
21. 冷戦
22. トルーマン＝ドクトリン
23. マーシャル＝プラン
24. コミンフォルム
25. チェコスロヴァキア＝クーデタ
26. ベルリン封鎖
27. ドイツ連邦共和国
28. ドイツ民主共和国

30. 台湾
31. 毛沢東
32. 中ソ友好同盟相互援助条約
33. 38度線
34. 李承晩
35. 金日成
36. 朝鮮戦争
37. スカルノ
38. ホー＝チ＝ミン
39. インドシナ戦争
40. ジュネーヴ休戦協定

41. ネルー
42. ジンナー
43. モサッデグ
44. パフレヴィー2世
45. イスラエル
46. 第1次中東戦争

ステップ・アップ・テスト
①× ソ連の対日参戦は1945年。
②× 鉄道国有化は石油国有化の誤り。

16 Speed Check! 占領下の日本と経済復興
a. 財閥解体
b. 労働組合
c. 労働基準
d. 独占禁止
e. ドッジ＝ライン
f. 警察予備隊

❶占領下の改革
1. マッカーサー
2. 連合国(軍)最高司令官総司令部(GHQ)
3. 極東委員会
4. 対日理事会
5. 人権指令
6. 極東国際軍事裁判
7. 東京裁判
8. 公職追放令
9. 女性参政権
10. 日本国憲法
11. 農地改革
12. 労働組合法
13. 労働関係調整法
14. 労働基準法
15. 財閥解体
16. 独占禁止法
17. 教育基本法
18. 閣市
19. 金融緊急措置令

❷日本国憲法の制定
20. 象徴天皇制
21. 国民主権
22. 戦争放棄
23. 基本的人権の尊重
(21～23は順不同)

目　次

Summary 江戸時代の日本とアジア諸地域の繁栄

Point
❶朝貢関係を中心とした15・16世紀の日本と東アジアの関わり
❷幕藩体制下における東アジア諸地域との関わりと国内経済の特徴
❸明代における朝貢関係とその変化、清の中国支配の特徴と経済の変化
❹オスマン帝国・サファヴィー朝・ムガル帝国の特徴と東南アジアの国際交易

1 15・16世紀における東アジアと日本の関わり

15世紀	**足利義満**：明と勘合貿易(日明貿易)開始　明と**朝貢関係**を結ぶ **倭寇**：14～16世紀中頃、おもに朝鮮半島から中国東南沿岸で海賊や私貿易などで活動
16世紀	**南蛮貿易**：ポルトガル・スペインによる西洋・中国・南洋の物産を日本へ運ぶ中継貿易 **豊臣秀吉**：朝鮮侵攻…文禄・慶長の役 ❖江戸幕府…17世紀初頭は東南アジアの商人たちと朱印船貿易促進

2 江戸時代の社会と対外交流

①幕藩体制

幕藩体制：幕府を頂点として、大名家(諸藩)を統治し、封建的支配をおこない、厳格な身分制度のうえに全国の土地と人民を支配した体制

武家諸法度	大名統制が目的。政治規制・治安規定・儀礼規定を含む →違反者は改易・減封・転封
参勤交代	大名は江戸と領国の1年おきの交代が原則(3代将軍家光　寛永令で整備)
禁中並公家諸法度	朝廷・公家の統制法→朝廷運営の基準を明示。天皇の学問専念や公家の席次、官位などの授与を規定
身分制	支配層：武士・公家・僧侶など 被支配層：百姓・職人・商人・かわた・非人など }いわゆる「士農工商」

②対外政策

幕府は当初、ヨーロッパやアジア諸国と貿易をおこなう。東南アジアでは日本町も形成され、発展

→キリスト教禁止にともない、貿易制限➡17世紀半ば以降、**四つの口**(**松前**・**対馬**・**長崎**・**薩摩**)を介して幕府の管理体制のもとで、交際や交易

松前－アイヌ	松前藩の大名松前氏とアイヌとの交易。商場知行制→シャクシャインの戦い➡場所請負制度→アイヌの人々の自立性が奪われる
対馬－朝鮮	対馬藩の大名宗氏が幕府と朝鮮の間の窓口に 朝鮮は将軍の代替わりごとに江戸に**朝鮮通信使**を派遣
長崎－中国 オランダ	長崎奉行が管理→中国人は**唐人屋敷**、オランダ人は**出島**に居住して交易 オランダは、海外情報の報告「**オランダ風説書**」を幕府に提出

薩摩－琉球王国	薩摩藩による琉球侵攻(1609)→実質的に支配・通商交易権も獲得 名目上は独立国→中国との朝貢貿易は継続 将軍の代替わりに**慶賀使**、国王の即位の際は謝恩使を幕府に派遣

➡対外通交を厳しく制限したため、このような体制は19世紀以降「鎖国」と呼ばれるようになる

3 江戸時代の経済・流通

貿　易	❖おもな貿易品　輸入品：**生糸**、絹織物、砂糖、人参などの薬種 輸出品：金銀銅(初めはおもに**銀**、のちに銅)、**俵物**(海産物) 貿易額の増加で石見銀山などの銀が枯渇→通貨の製造に影響 ➡新井白石は海舶互市新例(かいはくごししんれい)(正徳(しょうとく)新令)を出し、長崎貿易を制限(1715)
経　済	ⓐ**三都** 江戸：政治都市　大坂：商業都市・金融の中心地　**蔵屋敷**(年貢米・特産品を換金) 京都：宗教都市、手工業・文化の中心地 ⓑ商品経済 特産物：綿花(木綿)、藍、紅花(べにばな)など　金肥(きんぴ)：干鰯(ほしか)、鰊粕(にしんかす)、油粕(あぶらかす)など 農民の副業：養蚕、タバコ、薪の生産など ⓒ交通・流通網 海上交通：酒田～**西廻り航路**～大坂～南海路～江戸～東廻り航路～酒田 松前から**北前船**によって近畿地方へ昆布・俵物など取引 →**昆布**や**俵物**は琉球へもちこまれたのち、中国へ輸出 陸上交通：五街道など主要街道整備⬌厳しい管理「入鉄砲(いりでっぽう)に出女(でおんな)」 飛脚(ひきゃく)制度　宿場町の発達→旅が身近に、伊勢参りの始まり ⓓ手工業 農村家内工業➡**問屋制家内工業**➡**工場制手工業**(**マニュファクチュア**)

4 幕藩体制のゆらぎ

1792	ロシア使節の**ラクスマン**が根室に来航し、通商を求める→幕府は拒否
1804	ロシア使節の**レザノフ**が長崎に来航、通商を求める→幕府は拒否
1808	**フェートン号事件**：イギリス軍艦が長崎湾内に侵入
1825	**異国船打払令**：海防の必要性を意識、外国船を撃退することを命じる
1837	モリソン号事件：漂流民返還と通商交渉に来たアメリカ船が異国船打払令のために砲撃される
1841	**天保の改革**：内憂外患(**大塩平八郎の乱**などの国内問題や対外問題)に対応するため幕府権力の強化をはかる

5 明・清の政治と経済

①明の朝貢体制と東アジア

冊封体制：東アジアの伝統的国際秩序…周辺国の朝貢に対して首長の支配を承認	
明の建国	明の建国(1368)：漢人による中国支配の復活→モンゴル人を北方へ駆逐→ 周辺国と**朝貢関係**を結ぶ：朝鮮王朝、日本の室町幕府、琉球王国など **鄭和**：艦隊を率いて東南アジア・インド洋遠征→各地で朝貢を促す
朝貢体制	皇帝は朝貢と引き換えに貢物の数倍の価値のある返礼品を贈る …朝貢を通じて与えられる銅銭・生糸・絹織物により経済が活性化 ❖明：対外交易を**朝貢に限定**→民間の自由な貿易を認めず：**海禁政策**

②16～17世紀の東アジア

❖16世紀　「大航海時代」の世界的商業の発展➡東アジアの朝貢体制の動揺

倭寇	中国人・日本人の入りまじった商人集団→沿岸で密貿易・略奪行為 ⬌明：民間による海上貿易禁止の緩和→日本との直接の貿易は許さず ➡ポルトガルの台頭：日中双方に貿易拠点→日中間の貿易の担い手となる
明周辺の軍事政権	❖貿易による利益や新しい軍事技術の導入➡明の周辺に軍事政権が台頭 日本：**織田信長**・**豊臣秀吉**の政権➡**江戸幕府**の成立 ❖豊臣秀吉…日本統一後に朝鮮へ侵略：文禄・慶長の役 中国東北部：**満洲人**のヌルハチが**金**(**後金**)を建国→国号を清と改称
明の滅亡	農民反乱により明が滅亡(1644)→清が中国本土を占領　首都：**北京**

③清の政治と経済

清の政治	**康熙帝**・雍正帝・乾隆帝の時代(約130年間)：安定した治世を築く …中国東北部・中国本土・台湾を**直轄領**、モンゴル・チベット・新疆(東トルキスタン)などを**藩部**として支配 →皇帝：モンゴル人などが信仰する**チベット仏教**を支援して遊牧民を統治 ❖チベット仏教：ダライ＝ラマを教主とする宗教、元代に信仰が広がる 統治政策：官僚制度や**科挙**(官吏登用試験)など漢人王朝の制度を継承 →漢人男性に**辮髪**を強制、清に逆らう言論を弾圧
清の経済	明中期以降：**長江下流域**…綿・絹織物業発展→稲作の中心は長江中流域 全国的な商業ネットワークの形成➡経済活動が活発に展開 **台湾**の**鄭氏**の降伏(1683)→清は貿易開放に転じる …広州・厦門・寧波・上海に貿易を管理する海関を設置→海外貿易公認 **日本銀**・**メキシコ銀**が絹・陶磁器と交換されて中国に流入 ➡銀経済が農村にまで拡大、**銀による納税**の開始 アメリカ大陸産の**サツマイモ**・**トウモロコシ**栽培の広がり→人口の急増 ➡都市や内陸辺境への移住、東南アジアへ人口流出→**華僑**(華人)社会の形成 ❖開墾による環境破壊や自然災害の増加→社会不安の広がり …18世紀末　新開地の山間部中心に**白蓮教徒の乱**発生→清の財政窮乏化

④東西文明の交流

イエズス会	明・清に**イエズス会**宣教師来航→カトリックを布教し、西洋文化を伝える …**マテオ＝リッチ**：「坤輿万国全図」(中国最初の世界地図)の作製 **カスティリオーネ**：円明園(西洋式庭園をもつ皇帝の離宮)の設計
典礼問題	孔子崇拝などを認めるイエズス会とこれを異端とする教皇との論争 ➡雍正帝：キリスト教の布教の禁止、乾隆帝：**広州**１港に貿易港を限定 ❖ヨーロッパで中国への関心の高まり→**シノワズリ**(**中国趣味**)の流行 …中国の景徳鎮で生産された陶磁器がヨーロッパで愛好される

6 西・南アジアのイスラーム帝国と東南アジア

❖イスラーム教：７世紀のアラビア半島でムハンマドが創始…唯一神アッラーを信仰
→カリフの承認をめぐりスンナ派とシーア派に分裂
商業ネットワークを介して西アジア・東南アジア・アフリカへ拡大

①16世紀以降の西・南アジア：オスマン帝国・サファヴィー朝・ムガル帝国が並立

オスマン帝国	13世紀末以降にアナトリアから発展したイスラーム教の国家 **コンスタンティノープル**征服(1453)→**ビザンツ帝国**を滅ぼす ➡**スレイマン１世**時代：アジア・アフリカ・ヨーロッパに領土拡大 …神聖ローマ帝国のウィーンを包囲(第１次)➡西欧諸国の脅威に ❖キリスト教徒・ユダヤ教徒の共同体に自治を認め、ムスリムと共存 ❖ヨーロッパ人の領内の居住・通商の自由(カピチュレーション)承認 ウィーン包囲(第２次)の失敗(1683)→領土縮小に転じる
サファヴィー朝	16世紀のイランに建国、国教：イスラーム教の**シーア派** 首都：**イスファハーン**…通商で繁栄：「イスファハーンは**世界の半分**」 →滅亡後のイラン：アフシャール朝➡ガージャール朝：首都テヘラン
ムガル帝国	16世紀のインドに建国されたイスラーム教の帝国 第３代**アクバル**：**ジズヤを廃止**…ヒンドゥー教徒との融和をはかる ❖ヒンドゥー教：バラモン教と民間信仰が結びついて生まれた多神教 →ポルトガル・イギリス・フランスがインド各地に拠点を建設 第６代**アウラングゼーブ**：最盛期、**ジズヤを復活**→非ムスリムの反発

②東南アジア

港市国家の繁栄：港市を中心に繁栄し、国際貿易に財政的な基盤をおく	
アユタヤ朝	**タイ**に繁栄した典型的な港市国家、国際交易からの利益が財政基盤
マラッカ王国	マレー半島に栄えたイスラーム国家、**マラッカ海峡**の通商を支配
16世紀以降　ヨーロッパ勢力の進出→東南アジアは**アジア域内貿易**の中継地となる	
スペイン	ガレオン船で貿易：**フィリピン**の**マニラ**経由で中南米産の銀を中国へ運ぶ
オランダ	**東インド会社**がマルク諸島の**香辛料**を独占、アジア各地に商館を設置

Speed Check! 江戸時代の日本とアジア諸地域の繁栄

❶ 15・16世紀における東アジアと日本の関わり

☐ ①15世紀初めに**足利義満**は、〔1　　　　〕対策をおこなうことを条件に、明と〔2　　　　〕を結んで、勘合貿易を開始した。16世紀に日本は、ポルトガルやスペイン商人と平戸・長崎で南蛮貿易をおこなった。さらに16世紀後半、明の征服を企てた〔3　　　　〕は2度にわたり大軍を出兵し、朝鮮へと侵攻した。

❷ 江戸時代の社会と対外交流

☐ ①江戸幕府が、各地に城をかまえる大名家(藩)を従える統治体制を〔4　　　　〕と呼ぶ。幕府は、大名統制を目的に〔5　　　　〕を制定し、全国の大名に領国から江戸へ1年おきに交代で参上する〔6　　　　〕を義務づけた。

☐ ②江戸幕府は、朝廷、公家の統制を目的に〔7　　　　〕を制定した。

☐ ③17世紀半ば以降、幕府は、〔8　　　　〕(対オランダ・中国)、〔9　　　　〕(対朝鮮)、**薩摩**(対琉球王国)、**松前**(対アイヌ)の〔10　　　　〕を対外関係の場とした。

☐ ④〔 8 〕では、中国人は**唐人屋敷**、オランダ人は**出島**に居住して交易をおこなった。オランダは、「〔11　　　　〕」を幕府に提出して海外の情報を伝えた。

☐ ⑤朝鮮からは新将軍の就任を慶賀して〔12　　　　〕を、琉球王国は〔13　　　　〕を江戸に派遣した。

☐ ⑥蝦夷ヶ島と呼ばれた北海道では〔14　　　　〕と呼ばれる人々が独自の言語、狩猟や漁労を中心とする生活文化を築いていた。

❸ 江戸時代の経済・流通

☐ ①江戸時代には長崎のほか、琉球や対馬を通じて貿易がおこなわれ、〔15　　　　〕、絹織物、砂糖、人参などの薬種が輸入された。一方で〔16　　　　〕や銅、**俵物**と呼ばれた海産物が輸出された。

☐ ②江戸・大坂・京都を〔17　　　　〕と呼ぶ。特に商業都市である大坂には、諸藩の年貢米や特産品を保管する**蔵屋敷**が軒(のき)を連ねた。

☐ ③〔18　　　　〕(海運)で松前から近畿地方にいたるルートが整備され、〔19　　　　〕によって蝦夷地の〔20　　　　〕や**俵物**などが大量に取引された。

☐ ④18世紀には問屋が農民らに道具や原料、資金などを前貸しして製品をつくらせて集荷する**問屋制家内工業**が展開し、19世紀前半には織物業で〔21　　　　〕(**マニュファクチュア**)が出現した。

❹ 幕藩体制のゆらぎ

☐ ①1792年にロシア使節の〔22　　　　〕が根室に、1804年には〔23　　　　〕が長崎に来航した。

☐ ②1808年にイギリス軍艦が長崎湾内に侵入した〔24　　　　〕がおき、その後もイギリス船やアメリカ船が次々と日本へ来航したことで、海防の必要性を意識した幕府は25年に、外国船を撃退することを命じた〔25　　　　〕を出した。

☐ ③幕府は、**大塩平八郎の乱**などの国内問題や対外問題に対応するため〔26　　　　〕を実施し、幕府権力の強化をはかった。

5 明・清の政治と経済

☐ ①1368年に成立した明は、朝鮮・日本など周辺国と〔 2 〕を結んだ。また宦官の〔27　　　〕は東南アジアからインド洋に遠征し、各地で明への朝貢を促した。明は対外交易を**朝貢に限定**し、民間の交易を認めない〔28　　　〕をとった。

☐ ②16世紀には中国人と日本人の入りまじる商人集団である〔 1 〕の活動が活発となったため、明は〔 28 〕を緩和したが、日本との直接交易は認めなかった。

☐ ③明の周辺には、日本の**織田信長**・〔 3 〕の政権を経て成立した**江戸幕府**や、中国東北部に**満洲人**が建国した〔29　　　〕など、強力な軍事政権が登場した。〔 29 〕は国号を清と改め、明滅亡後の中国本土に侵攻し、首都を〔30　　　〕においた。

☐ ④清は〔31　　　〕以降3代にわたり安定した政権を築き、中国東北部や中国本土を**直轄領**、モンゴル・チベット・新疆などを〔32　　　〕として統治した。

☐ ⑤清の皇帝はモンゴル人などが信仰する〔33　　　〕を支援した。

☐ ⑥清は**科挙**などの漢人王朝の制度を継承する一方、漢人男性に満洲人の髪型である〔34　　　〕を強制し、清に逆らう言論を弾圧するなど、厳しい政策もとった。

☐ ⑦明代中期から**長江下流域**で綿・絹工業が発展し、全国的な商業ネットワークも形成された。清は〔35　　　〕の**鄭氏**降伏後は貿易開放に転じ、海外貿易を公認した。この結果〔36　　　・　　　〕が中国に流入し、**銀による納税**も始まった。

☐ ⑧18世紀には**サツマイモ・トウモロコシ**の栽培が広がるとともに人口も急増し、東南アジアへの人口流出も進み、現地では〔37　　　〕社会が形成された。しかし18世紀末に広がった社会不安を背景に**白蓮教徒の乱**がおこり、清の財政は窮乏化した。

☐ ⑨明・清代には〔38　　　〕宣教師が来航し、**マテオ＝リッチ**や**カスティリオーネ**などが西洋文化を伝えた。一方キリスト教の布教方法をめぐる〔39　　　〕がおこり、1757年に清は貿易港を〔40　　　〕1港に限定した。この頃ヨーロッパでは中国への関心が高まり、**シノワズリ(中国趣味)**が流行した。

6 西・南アジアのイスラーム帝国と東南アジア

☐ ①13世紀末のアナトリアに成立した〔41　　　〕は、1453年には**コンスタンティノープル**を征服して**ビザンツ帝国**を滅ぼしたのち、16世紀の〔42　　　〕の時代に最盛期を迎え、アジア・アフリカ・ヨーロッパに領土を広げた。

☐ ②16世紀のイランに建国された〔43　　　〕は、**シーア派**を国教とし、首都「〔44　　　〕は**世界の半分**」といわれる繁栄をみせた。

☐ ③16世紀のインドに建国された〔45　　　〕は、第3代〔46　　　〕の時代に**ジズヤを廃止**し、ヒンドゥー教徒との融和をはかった。しかし第6代〔47　　　〕は**ジズヤを復活**したため、非ムスリムの反発を招いた。

☐ ④15世紀の東南アジアでは、タイの〔48　　　〕や**マラッカ海峡**の通商を支配した〔49　　　〕などの**港市国家**が、交易を通じて繁栄していた。これらの港市国家は、ヨーロッパ勢力の進出以降、**アジア域内貿易**の中継地となった。

☐ ⑤16世紀に**フィリピン**に進出したスペインは、〔50　　　〕経由で中南米産の銀を中国に運ぶガレオン貿易で利益をあげた。17世紀になるとオランダ**東インド会社**は、マルク諸島の〔51　　　〕貿易を独占し、アジア各地に商館を建設した。

Summary ヨーロッパにおける主権国家体制の形成と海外進出、産業革命

Point
- ❶ヨーロッパにおける主権国家体制の成立と各国の特徴
- ❷ヨーロッパ諸国のアメリカ・アジアへの進出と「大西洋世界」の形成
- ❸産業革命と社会の変化、「世界の工場」イギリスと産業革命の世界的影響

1 主権国家体制の形成

①主権国家体制

主権国家体制の成立	**神聖ローマ帝国**の権威衰退➡イギリス・フランス・スペインなどの台頭 ➡**中央集権化**を進め、他国と対等な外交関係を結ぶ：**主権国家体制**
ドイツ	皇帝と**領邦**(半自立的領域)の諸侯との間で権力が分立 →宗教改革や**三十年戦争**を通じて皇帝権は弱まり、領邦国家が発展
フランス	**ルイ14世**…貴族をおさえて**絶対王政**を確立し、**ヴェルサイユ**宮殿を建設
イギリス	17世紀 **ピューリタン革命**で君主政から**共和政**へ➡君主政復活➡**名誉革命** ❖**権利の章典**…国王と議会による共同統治の原則を示す：**立憲君主政** 18世紀 首相が議会の多数派を率いて国王の権力を代行：**議院内閣制**
ロシア	黒海沿岸に領土拡大、バルト海へ進出、シベリアを経て清と通商開始

②宗教改革と科学革命：個人主義の発達と自然界の法則を解明する科学的態度を確立

宗教改革	**カトリック**の教え：神の救済は聖職者の導きと個人の善行が必要 ⬌**プロテスタント**諸派：聖書中心主義、人間の救済は神のみが決定 ❖**イエズス会**：**カトリック**の教えを中南米やアジア諸地域へ布教
科学革命	高精度の**望遠鏡・顕微鏡**の発明→観察対象となる自然界の拡大 ガリレイ・ニュートンの法則を追究し、**自然科学の基本的手続き**が確立

2 ヨーロッパ人の海外進出

①【背景】富と信仰が主要な動機

オスマン帝国の進出	アジア産の**香辛料**を直接取引するための貿易路の開拓
アジアの富への関心	**『世界の記述』**：**マルコ＝ポーロ**…「黄金の国」への想像
キリスト教の布教	イベリア半島でのキリスト教国の拡大→海外布教熱の高まり

②「大航海時代」：「世界の一体化」の始まり(グローバル化の最初の段階)

ポルトガル	ガマ：アフリカの南端を迂回してインド航路を開拓 (1498)
スペイン	コロンブス：西回りでアジアをめざす→アメリカ大陸に到達 (1492) ➡続いてイギリス・フランス・オランダも海外進出を果たす

③アメリカ大陸の変容と**「大西洋世界」**の出現

ラテンアメリカ	スペイン：先住民の文明を征服→銀山で採掘した**銀**をヨーロッパへ
カリブ海諸島	ヨーロッパ諸国が**プランテーション**(大規模農園)を開く …ヨーロッパ向けの**サトウキビ・コーヒー**を栽培
【結果】ヨーロッパ人がもちこんだ**伝染病**や鉱山での過酷な労働➡先住民人口が激減 ➡西アフリカから黒人**奴隷**がもちこまれる：アフリカの人口が激減、社会荒廃 **ジャガイモ**・サツマイモ・トマト・トウモロコシなどがヨーロッパへ流入 アメリカ産の**銀**：ヨーロッパ経済を活性化　砂糖：ヨーロッパの食生活の変化	

④ヨーロッパ諸国のアジアへの進出：植民地支配ではなく貿易拠点を確保

ポルトガル人 アジア貿易	**ムスリム商人**にかわってインド洋貿易を展開、日明貿易にも参入 アジアから**香辛料・茶・陶磁器・絹**などがヨーロッパへ輸出 →対価：アメリカ産の**銀**…アジアに銀が集中➡アジアのさらなる繁栄

❖重商主義：対外貿易をおこなうためヨーロッパ諸国は特許会社設立：東インド会社など
…外国製品に高関税、自国や植民地の貿易から他国の船を排除

3 産業革命

①産業革命の前提とイギリスの特殊性

綿織物の人気	インド産**綿織物**の流入→イギリスで綿織物の国産化がめざされる
三角貿易	**七年戦争**などで広大な海外植民地獲得→大西洋で**三角貿易**を展開
	砂糖・**綿花**・タバコなど アメリカ・西インド諸島 → ヨーロッパ ＝綿花・サトウキビ生産 ヨーロッパ → アフリカ：武器・綿織物・雑貨 アフリカ → アメリカ・西インド諸島：黒人**奴隷**
豊富な資源	イギリスは鉄鉱石や石炭にめぐまれ、17世紀以降は科学・技術も発達

②産業革命と社会の変化：**綿工業**から始まり、ほかの産業へも波及

蒸気機関	**ワット**の改良→製造業へ転用：化石エネルギー(石炭)が動力となる →生産力の急増と工場の大規模化：女性・子どもを低賃金で雇用
資本家の登場	賃金**労働者**を工場で雇用して利益を拡大、生産・販売の自由を確保 →機械の都合にあわせて時間を管理する労働形態、家庭と職場の分離

③産業革命の世界的影響：イギリスを中心とする**国際分業体制**の確立

「世界の工場」	イギリス：**インド**などから**綿花**を輸入し原料供給地として支配 →イギリス産綿織物の流入によりインドなどの手織りの**綿工業**は破壊 ❖西欧・合衆国→関税をかけて自国の産業を保護：**工業化**の進展
軍事への影響	**工業化**による**銃砲**の大量生産➡西欧・合衆国の軍事的優位の確立
交通革命	**蒸気船**：合衆国で実用化→補給基地が整備され大洋の横断も可能に 鉄道：**スティーヴンソン**が**蒸気機関車**を改良➡鉄道敷設がブームに …鉄道技術がイギリスから輸出、ロンドンで**地下鉄**の開通
通信革命	**電信**の実用化→**大西洋横断海底電信網**とアメリカ**大陸横断電信網**完成

4 資料

権利の章典(1689年)

議会の上下両院は、…イギリス人の古来の権利と自由をまもり明らかにするために、次のように宣言する。

1．王の権限によって、**議会の同意なく**、法を停止できると主張する権力は、違法である。

4．国王大権と称して、**議会の承認なく**、王の使用のために税金を課することは、違法である。

6．**議会の同意なく**、平時に常備軍を徴募し維持することは、違法である。

13．あらゆる苦情の原因を正し、法を修正・強化・保持するために、**議会は頻繁に開かれなければならない。**

(『歴史総合　近代から現代へ』より)

解説 **名誉革命**(1688～89)後のイギリスでは、議会が国王に対して提出した「権利の宣言」が法文化され、**「権利の章典」**として発表された。この法典によれば、国王は議会の承認なくしては、法の停止、課税や常備軍の徴募・維持などの政治行為をおこなうことができず、**議会と国王が共同でイギリスを統治する**という原則が確立された。こうした**議会主権**の原則は、こののち各国に広まり、**現代の民主政治の原理の一つ**として引き継がれている。

Speed Check! ヨーロッパにおける主権国家体制の形成と海外進出、産業革命

☐

1492	コロンブスがカリブ海へ到達→[a　　　　　　]がアメリカ大陸へ進出開始
1498	ガマによるインド航路を開通→[b　　　　　　]がアジア進出を開始
1517	ルターが「九十五カ条の論題」発表→[c　　　　　　]の開始、プロテスタントの形成
1534	[d　　　　　　]会の結成→カトリックが海外布教に乗り出す
1545	南アメリカでポトシ銀山の発見→[e　　　　　　]がアジア・ヨーロッパへ流出
1642	イギリスで[f　　　　　　]革命開始→君主政が倒れて共和政へ
1648	ドイツで[g　　　　　　]戦争終結→領邦国家の発展
1661	フランスで[h　　　　　　]が親政開始→フランス絶対王政の最盛期
1688	イギリスで[i　　　　　　]革命(~89)→翌年「権利の章典」が発表され、立憲君主政が確立
1763	七年戦争終結→植民地戦争に勝利したイギリスが大西洋で[j　　　　　　]を本格化
1769	ワットが[k　　　　　　]を改良→製造業に転用され、産業革命の進展を促す
1825	スティーヴンソンが[l　　　　　　]を改良→世界各地に輸出(交通革命)
1858	最初の大西洋横断[m　　　　　　]ケーブルの敷設→通信革命の本格化(66 実用化)
1863	ロンドンに最初の[n　　　　　　]が開通

❶ 主権国家体制の形成

☐ ①16世紀のヨーロッパでは、[1　　　　　　]の力が弱まり、イギリス・フランス・スペインなどが台頭した。これらの君主国は**中央集権化**を進め、他国と対等な外交関係を結んだ。こうした国際秩序を[2　　　　　　]という。

☐ ②ドイツでは皇帝と帝国内の[3　　　　　　]を支配する諸侯との権力が分立していたが、宗教改革や**三十年戦争**の結果、[3]国家が独自に発展した。

☐ ③フランスでは国王[4　　　　　　]の時代に、国内の貴族をおさえて**絶対王政**が確立し、[5　　　　　　]宮殿が西ヨーロッパの文化の中心地となった。

☐ ④イギリスでは17世紀の[6　　　　　　]で君主政が廃され**共和政**へ移行したが、その後、君主政に戻った。しかし1688年に[7　　　　　　]がおこると[8　　　　　　]が制定され、これをもとに**立憲君主政**が始まった。さらに議会の力が増すと、首相が議会の多数派を率いて政治をおこなう**議院内閣制**が成立した。

☐ ⑤16世紀のヨーロッパでは[9　　　　　　]がおこり、**カトリック**教会に対抗し、聖書中心主義に立脚する[10　　　　　　]諸派が成立した。また**カトリック**勢力は、アジアなどへの布教をめざし、[11　　　　　　]を組織した。

☐ ⑥17世紀のヨーロッパでは高精度の**望遠鏡**や**顕微鏡**により自然界の探究が進み、ガリレイやニュートンが解明した物体の運動法則がさらに追究され、**自然科学の基本的な手続きが確立**した。こうした一連の変化は[12　　　　　　]と呼ばれる。

❷ ヨーロッパ人の海外進出

☐ ①15世紀の**オスマン帝国**の東地中海進出を背景に、ヨーロッパではアジア産の[13　　　　　　]を直接取引するための貿易路の開拓がめざされるようになった。これにキリスト教布教の熱意や、[14　　　　　　]が著した**『世界の記述』**がかきたてたアジアにある「黄金の国」への想像などが重なり、「大航海時代」が開始された。

☐ ②「大航海時代」の主役となったのは[15　　　　　　]と[16　　　　　　]で、[15]はインド航路を開拓し、[16]はアメリカ大陸へ到達した。

☐ ③スペインはアメリカ大陸で採掘した〔17　　　〕をヨーロッパに輸出し、またカリブ海諸島などに開かれた〔18　　　〕(大規模農園)では、ヨーロッパ市場向けの**サトウキビ**や**コーヒー**などが栽培された。さらに〔19　　　〕・サツマイモ・トマトなど、中南米産の作物もヨーロッパにもちこまれた。

☐ ④こうしたなかヨーロッパ人から感染した〔20　　　〕や鉱山での過酷な労働のため先住民人口が激減すると、アフリカから黒人が〔21　　　〕として送りこまれた。こうして経済的に一体化しつつあった世界の一角に、**「大西洋世界」**が出現した。

☐ ⑤アジアでは、ポルトガル人が〔22　　　〕にかわってインド洋貿易を展開するなど既存の貿易網への参入が進んだ。同時にヨーロッパ人は〔13〕だけでなく**茶**・**陶磁器**・**絹**などをもち帰り、対価としてアメリカ産の〔17〕を支払った。

3 産業革命

☐ ①「大航海時代」以降、インド産〔23　　　〕がイギリスに輸入されて人気商品となったが、18世紀初めにその輸入が禁止されたため、国産化がめざされるようになった。また広大な植民地をもつイギリスは、**七年戦争**以後に大西洋で〔24　　　〕を展開したが、〔23〕はここでアフリカ向けの重要な輸出品となっていた。

☐ ②イギリス産業革命は〔25　　　〕から始まり、ほかの産業にも波及していった。その際にみられた技術革新のうち、**ワット**が改良した〔26　　　〕は製造業の動力に転用され、生産力の急増と工場の大規模化をもたらした。

☐ ③産業革命により、資本をもつ〔27　　　〕は、賃金〔28　　　〕を工場で雇用し、機械の都合にあわせて〔28〕を時間で管理するようになった。

☐ ④産業革命の結果、イギリスは**インド**などから〔29　　　〕を輸入して原料供給地として支配した。一方「〔30　　　〕」としての地位を確立したイギリスで生産された綿織物の流入により、インドなどの手織りの〔25〕は破壊された。

☐ ⑤こうしてイギリスを中心とする**国際分業体制**が確立したが、西欧諸国やアメリカ合衆国はイギリス商品に関税をかけて産業を保護し、〔31　　　〕を進めた。また〔31〕は**銃砲**の大量生産を可能にし、西欧や合衆国の軍事的優位が確立した。

☐ ⑥19世紀に入ると〔26〕は交通手段にも転用され､19世紀初めに合衆国で〔32　　　〕が実用化されると、補給基地の整備にともない大洋の横断を可能にした。

☐ ⑦1825年に**スティーヴンソン**が〔33　　　〕を改良すると、イギリス各地で鉄道敷設ブームがおこり、〔33〕などの鉄道技術はイギリスの主要な輸出品として、世界各地に輸出された。また63年にはロンドンで世界最初の〔34　　　〕も開通した。こうした一連の交通技術の発達を〔35　　　〕と呼ぶ。

☐ ⑧19世紀半ばには電気を利用した通信である〔36　　　〕が実用化され、**大西洋横断海底電信網**とアメリカでは〔37　　　〕が完成し、情報の伝達が飛躍的に速まった。こうした一連の通信技術の発達を〔38　　　〕と呼ぶ。

《ステップ・アップ・テスト(文の正誤を○×で判定しよう)》

☐ ①イギリスでは、権利の章典により、議会主権(議会主導の政治)が確立した。(20年本世A)

☐ ②ヨーロッパ・アフリカ・アメリカを結んで三角貿易が行なわれた。(18年本世A)

Summary アメリカ独立革命とフランス革命

Point
❶独立革命の原因となったイギリスの政策、独立宣言・合衆国憲法の特徴
❷フランス革命の原因と人権宣言の特徴、議会・政府ごとの革命の展開
❸ナポレオンが政権を掌握して皇帝となるまでの過程と大陸封鎖令

1 アメリカ独立革命

①イギリスの植民地政策：七年戦争(フレンチ＝インディアン戦争)を契機に変化

北米へのヨーロッパの進出	「大航海時代」以降→イギリス・フランス・オランダの進出 ➡オランダの脱落により北アメリカでイギリス・フランスが抗争 七年戦争でイギリス勝利→北アメリカ植民地の形成
イギリスの植民地政策	**七年戦争**後の財政難➡イギリス本国政府が植民地に直接課税 イギリスの政策：**印紙法**(1765)：課税の強化 → 植民地側の抵抗：**「代表なくして課税なし」** **茶法**(1773)：東インド会社の救済 → **ボストン茶会事件**の発生 ボストン茶会事件の発生 → ボストン港の閉鎖 ボストン港の閉鎖 → **大陸会議**：自治の尊重を要求

②アメリカ独立革命(1775～83)

開戦	偶発的戦闘から**独立戦争**開始(1775)→植民地軍総司令官：ワシントン ➡**トマス＝ペイン**：『**コモン＝センス**』出版➡独立の気運の高まり
独立宣言	大陸会議で発表、起草者：**トマス＝ジェファソン**ら 人間の自由・平等、圧政に対する**抵抗権**などを明記
展開	最初は植民地軍苦戦➡フランス・スペイン・オランダが植民地側で参戦 ➡ロシア・スウェーデンなどがイギリス軍の活動に抵抗：植民地側勝利
パリ条約	**アメリカ合衆国の独立**承認(1783)→共和政の発足

③合衆国憲法の制定(1787)

連邦主義	各州に大幅な自治を認めながらも中央政府の権限強化➡反連邦派との対立
三権分立	行政権：大統領　立法権：連邦議会　司法権：最高裁判所

2 フランス革命

①革命以前のフランス社会：典型的な身分制社会

身分構造	第一身分(聖職者)・第二身分(貴族)：免税などの特権をもつ(特権身分) →人口の多数の**第三身分**(平民)を支配➡**啓蒙思想**の普及：第三身分の不満
財政改革	アメリカ独立戦争参戦による財政難➡国王**ルイ16世**は**特権身分への課税**➡ 特権身分は**三部会**(全国三部会)開催を要求

②フランス革命の展開

国民議会	三部会：特権身分と第三身分が対立➡第三身分は分離して**国民議会**を発足 ➡国王は議会の弾圧を計画➡民衆が**バスティーユ牢獄**を襲撃(1789) ➡**人権宣言**(1789)：人間の自由・平等、国民主権、**私有財産の不可侵** **1791年憲法**の成立：イギリス型の**立憲君主政**を定める→立法議会の成立
立法議会	周辺諸国とフランスから亡命した貴族による革命の妨害 →**革命防衛**のために**オーストリア・プロイセン**との戦争開始(1792)

	フランス軍の苦戦➡パリ民衆・**義勇軍**が王宮を占拠：王権の停止 ❖「**ラ＝マルセイエーズ**」：マルセイユ義勇軍の行進曲→フランス国歌へ
国民公会	**男性普通選挙**で議員選出　共和政の樹立を宣言：**第一共和政**(1792) **ジャコバン派**(急進共和派)の台頭➡**ルイ16世**の処刑(1793)➡周辺諸国の圧力が強まる➡**徴兵制**の導入により軍事力の強化がはかられる
恐怖政治	ジャコバン派の独裁：**ロベスピエール**の主導のもとで**恐怖政治**が開始 …戦争遂行のために経済を統制、政府に反対する者を弾圧・処刑 **テルミドールの反動**(1794)：ロベスピエールの逮捕・処刑

③ ナポレオンのヨーロッパ支配

総裁政府	5人の総裁による政府→王政復古をねらう勢力も復活し、政局は不安定 **ナポレオン＝ボナパルト**の台頭：イタリア遠征・**エジプト遠征**で名声 ➡クーデタにより政権を掌握して総裁政府を打倒(1799)：革命の終了
統領政府	ナポレオン：第一統領として独裁権行使：行政・立法の最終決定権を掌握 **フランス民法典**(ナポレオン法典)で人権宣言の理想を法制化
大陸支配	国民投票で皇帝に即位→**ナポレオン１世**誕生(1804)：**第一帝政** **神聖ローマ帝国**を解体、オーストリア・プロイセン・ロシアなどを従属 イギリス上陸失敗➡**大陸封鎖令**(1806)：**イギリスと大陸諸国の通商を禁止** ❖フィヒテ：「**ドイツ国民に告ぐ**」…ドイツ人の国民意識の高揚をはかる
没落	**スペイン反乱**(1808～14)➡**ロシア遠征**(1812)：大陸封鎖令無視の報復➡失敗 ➡**解放戦争**の開始：ナポレオンの敗北➡皇帝退位→**エルバ島**に流刑(1814)
皇帝復位	混乱を背景にナポレオンの皇帝復位(1815) **ワーテルローの戦い**でナポレオン敗北(1815)➡**セントヘレナ**へ流刑

④ 資料

アメリカ独立宣言(1776年)

　われわれは以下の原理は自明のことと考える。まず、**人間はすべて平等に創造**されており、**創造主から不可譲の諸権利をあたえられて**おり、それらのなかには生命、**自由**、幸福追求の権利がある。次に、これらの権利を保障するためにこそ、政府が人間のあいだで組織されるのであり、**公正なる権力は被治者の同意に由来する**ものである。さらに、いかなる形態の政府であれ、この目的をそこなうものとなった場合は、**政府を改変、廃止**して、国民の安全と幸福とを達成する可能性を最も大きくするとの原則に従い、しかるべく機構をととのえた権力を組織して**新しい政府を樹立するのが、国民の権利**である。

(歴史学研究会編『世界史史料７』)

フランス人権宣言(1789年)

第１条　**人間は自由で権利において平等**なものとして生まれ、かつ生きつづける。

第２条　あらゆる政治的結合の目的は、**人間のもつ絶対に取り消し不可能な自然権**を保全することにある。これらの権利とは、**自由**、所有権、安全、および**圧政への抵抗**である。

第３条　すべて**主権の根源は、本質的に国民のうちに存する。**

第17条　所有権は、神聖かつ不可侵の権利であり、したがって、合法的に確認された公的必要性からそれが明白に要求されるときであって、かつ予め正当な補償金が払われるという条件でなければ、いかなる者もその権利を剥奪されえない。(河野健二編『資料フランス革命』)

解説　上記２つの資料にはいくつかの共通点がみられる。まず人間は**自由・平等**の存在であり、生まれながらの諸権利(**自然権**)をもつこと。そして圧政に対して人民は抵抗する権利(**抵抗権**)があること。さらにフランス人権宣言に明確に表明された**国民主権**の原理は、アメリカ独立宣言にも「公正なる権力は被治者の同意に由来する」と記されている。これらはいずれも**社会契約説**にもとづき、これ以降の**国民国家の基本原理**となった。このようにみると独立宣言は、人権宣言に大きな影響を与えていることがわかる。

Speed Check! アメリカ独立革命とフランス革命

アメリカ独立革命	
1763	パリ条約→英：七年戦争に勝利
1765	〔a 〕⇔「代表なくして課税なし」
1773	茶法⇔〔b 〕事件
1774	大陸会議：自治の尊重を要求
1775	独立戦争の開始
1776	〔c 〕：抵抗権などを明記
1781	植民地軍がイギリス軍に勝利
1783	〔d 〕条約→アメリカ合衆国の独立
1787	合衆国憲法の制定

フランス革命		
	1789	〔e 〕開催→国民議会分離
国民議会		〔f 〕襲撃 =フランス革命の開始
国民議会		人権宣言発表：自由・平等、主権在民等
国民議会	1791	1791年憲法の制定
立法議会	1792	〔g 〕・プロイセンとの戦争を開始
立法議会		「ラ＝マルセイエーズ」の誕生
立法議会		民衆と義勇軍が王宮を占拠＝王権停止
国民公会	1792	〔h 〕の成立
国民公会	1793	国王〔i 〕の処刑
国民公会		〔j 〕の恐怖政治
国民公会	1794	テルミドールの反動
総裁政府	1795	総裁政府の成立→ナポレオンの台頭
総裁政府	1799	クーデタによりナポレオン政権掌握
統領政府	1804	フランス民法典の発布
統領政府		国民投票でナポレオンが皇帝即位
第一帝政	1806	〔k 〕の発布
第一帝政	1812	〔l 〕失敗→解放戦争
第一帝政	1814	ナポレオン退位
第一帝政	1815	ワーテルローの戦い→再び退位

1 アメリカ独立革命

①〔1 〕でフランスに勝利したイギリスは、植民地に対して直接課税するようになり、1765年に〔2 〕を発布して課税を強化した。これに対して植民地側は「〔3 〕」と抵抗した。

②1773年の**茶法**に対する植民地の怒りが〔4 〕を引きおこすと、本国政府はボストン港を閉鎖した。74年に植民地側は〔5 〕を開いて本国に自治の尊重を要求し、翌75年に**独立戦争**が始まった。

③1776年に出版された〔6 〕の『**コモン＝センス**』は独立の気運を高め、7月4日には〔7 〕らによって起草された〔8 〕が発表され、圧政に対する**抵抗権**などが明記された。

④植民地軍は当初苦戦したが、フランス・スペイン・オランダの独立側での参戦などでしだいに優勢となった植民地側が勝利した。1783年にはイギリスと結んだ〔9 〕で、**アメリカ合衆国の独立**が認められ、共和政が発足した。

⑤1787年に制定された合衆国憲法では、**連邦主義**にもとづいて中央政府の権限が強化され、権力の集中をさけるため、〔10 〕の原則がとられた。

2 フランス革命

①革命前のフランス社会は特権身分が**第三身分**を支配する典型的な身分制社会であったが、〔11 〕の普及などにより、第三身分の不満が高まっていた。

②戦費負担に起因する財政難の克服をめざし、国王〔12 〕は**特権身分への課税**をはかった。これに特権身分は〔13 〕の開催を要求した。

③1789年に開かれた〔 13 〕では、特権身分と第三身分が対立したため、第三身分は分離して〔14 〕を発足させ、憲法制定まで解散しないことを誓った。

④国王が議会の弾圧を計画したことに対し、パリ民衆が〔15 〕を襲撃したため、国王は譲歩して〔 14 〕を承認した。同年議会は人間の自由・平等、主権在

民、**私有財産の不可侵**を定めた[16]を採択した。

☐ ⑤フランス最初の憲法である**1791年憲法**により[17]の樹立が宣言され、[18]が発足した。議会は革命の妨害をはかる[19 ・]と、1792年に**革命防衛**のための戦争を開始した。その後、フランス軍の苦戦は諸外国と国王の共謀のためと考える民衆と**義勇軍**は王宮を占拠し、王権を停止させた。

☐ ⑥このときマルセイユ義勇軍が、パリ入城の際に歌った行進曲である「[20]」は、のちにフランス国歌となった。

☐ ⑦**男性普通選挙**で選出された議員で構成された[21]は、王政の廃止と共和政の樹立を宣言した(**第一共和政**)。

☐ ⑧[21]内部で急進共和派の[22]が主導権を握ると、1793年に敵側との内通が疑われた[12]を処刑した。この処刑に衝撃を受けたイギリスなど周辺諸国が革命への圧力を強めたため、フランスは[23]を導入することによって軍事力の強化をはかった。

☐ ⑨こうした危機を背景に[22]は独裁体制をかため、戦争の遂行を理由に経済を統制した。この頃[22]の指導者[24]が中心となって、政府に反対する者を弾圧・処刑する[25]が始まった。

☐ ⑩1794年の[26]で[24]は反対派に処刑され、95年に[27]が樹立されたが、王政復古をめざす勢力が台頭するなど不安定な政局が続くなか、[28]が登場した。

❸ ナポレオンのヨーロッパ支配

☐ ①ナポレオンは、イタリア遠征や[29]の活躍で名声を高め、1799年にはクーデタにより[27]を倒して[30]を樹立した。

☐ ②第一統領として独裁権を握ったナポレオンは、1804年には私有財産の不可侵や法の前の平等などを規定した[31]を制定して人権宣言の理想を法制化した後、国民投票で皇帝[32]として即位した(**第一帝政**)。

☐ ③ナポレオンは大陸支配を進め、[33]を解体させ、オーストリア・プロイセン・ロシアなどを従属させた。しかしイギリス上陸には失敗したため、[34]により**イギリスと大陸諸国の通商を禁止**した。

☐ ④ナポレオンの支配下におかれたプロイセンでは、哲学者[35]が「**ドイツ国民に告ぐ**」という連続講演をおこない、ドイツ人の国民意識の高揚をはかった。

☐ ⑤ナポレオンへの抵抗は、1808年の[36]から始まった。12年にナポレオンが[37]に失敗すると**解放戦争**が開始され、敗れたナポレオンは**エルバ島**に流された。

☐ ⑥1815年、混乱を背景にナポレオンは復位したが、[38]に敗れて再び退位し、**セントヘレナ**に流された。

ステップ・アップ・テスト(文の正誤を○×で判定しよう)

☐ ①フランスが、独立戦争でイギリスを支援した。(20年本世A)

☐ ②フランス人権宣言は、自由・平等、国民主権(主権在民、人民主権)をうたった。(20年本世A)

Summary 19世紀前半のヨーロッパ、19世紀のアメリカ大陸

Point
❶ウィーン体制、自由主義・ナショナリズムの展開とウィーン体制の崩壊
❷ハイチの独立およびラテンアメリカ諸国の独立運動
❸アメリカ合衆国の拡大と南北戦争、南北戦争後の合衆国の動向

1 19世紀前半のヨーロッパ

①ウィーン体制の成立

ウィーン会議	【目的】ナポレオン後の秩序再建…オーストリアの**メッテルニヒ**が主催 【原則】**正統主義**…フランス革命前のヨーロッパに戻そうとする考え →フランスなどで旧王朝復活 ❖ドイツ：**神聖ローマ帝国**再建されず→**ドイツ連邦**の形成(分立状態) ❖イギリス：海外に拠点を獲得　❖プロイセン：新領土獲得 ❖オーストリア：イタリア半島に領土を拡大
神聖同盟	ロシア皇帝が提唱した君主間の誓約→ウィーン体制の維持をはかる
四国同盟	革命運動の鎮圧を目的とした軍事同盟→のちに仏が加わり五国同盟へ

②自由主義とナショナリズム

自由主義：君主の権力を憲法で制限、議会を開設して国民の政治参加実現
ナショナリズム：他国の支配からの解放をめざし、民族の統一や国家の独立をはかる
❖自由主義・ナショナリズムにもとづく国家：**国民国家**…初等教育で国民意識を形成

ギリシア独立戦争	オスマン帝国からギリシアが独立…英仏露がギリシア独立を支援
七月革命	フランスの復古王政を打倒➡立憲君主政の成立：**七月王政** ❖「民衆を導く自由の女神」：ドラクロワ…七月革命を描く
ベルギーの独立	七月革命の影響を受けて武装蜂起➡オランダから独立を達成

③1848年革命とウィーン体制の崩壊

二月革命	**七月王政**への不満➡**二月革命**(1848)→**第二共和政**：臨時政府の成立 ➡四月普通選挙：社会主義者大敗➡大統領選挙：**ルイ＝ナポレオン**当選 ➡国民投票によって皇帝**ナポレオン3世**として即位(**第二帝政**)
三月革命	**三月革命**(オーストリア)…**メッテルニヒ**が失脚し、ウィーン体制は崩壊 ❖**ハンガリー**民族運動：一時はオーストリアから独立➡ロシアにより弾圧 ❖**イタリア**民族運動：ローマ共和国の樹立➡オーストリアなどの干渉で失敗 **三月革命**(プロイセン)➡**フランクフルト国民議会**：統一と憲法を議論

2 19世紀のアメリカ大陸

①ラテンアメリカ諸国の独立

ハイチ	17世紀末にフランス領…サトウキビ栽培の拡大とともに黒人奴隷が増加 ➡フランス革命の影響で**トゥサン＝ルヴェルチュール**が奴隷解放運動 →**ハイチ**の独立(1804)：史上初の黒人共和国…**奴隷制**の廃止

ナポレオンによるスペイン占領の影響➡1810～20年代にラテンアメリカの独立さかん
❖**クリオーリョ**：植民地生まれの白人…大地主層として独立運動を指導

ラテンアメリカの独立	**ボリバル**：スペイン植民地の独立を指導→コロンビア・ボリビア独立 一時期のメキシコを除いて多くが共和国として独立…**奴隷制**の廃止 ❖**ブラジル**：**ポルトガル**王子が帝位に就く→帝国として独立
英米の支援	イギリス：自由貿易の実現をめざして独立を支援 アメリカ：**モンロー宣言**…ヨーロッパとアメリカ大陸の相互不干渉

②アメリカ合衆国の拡大：独立後より領土を西部へと拡大：西漸運動

西漸運動	**ルイジアナ**購入(1803)➡テキサス編入(1845)➡オレゴン併合(1846) **アメリカ＝メキシコ戦争**(1846～48)→**カリフォルニア**獲得 ❖**ゴールドラッシュ**：カリフォルニアで金鉱発見→移住者が殺到
強制移住	**先住民強制移住法**(1830)：先住民を居住地から西部の保留地へ強制移住 ❖**「涙の旅路」**：先住民チェロキー族の移動…約4,000人が命を落とす

③南北戦争(1861～65)：西部の発展→南北の対立が激化

南北の対立	**アメリカ＝イギリス戦争**➡イギリスとの貿易がとだえて産業革命が開始 ❖**南部**：イギリスへの綿花輸出拡大…**自由貿易**、奴隷制の拡大 ❖**北部**：イギリスの工業に対抗…**保護関税**、奴隷制反対→共和党の結成
南北戦争	**リンカン**(**共和党**)大統領に➡南部：**アメリカ連合国**結成➡**南北戦争**開始 **奴隷解放宣言**(1863)：南部反乱地域が対象…内外世論の支持を集める **ゲティスバーグの戦い**：南北戦争最大の戦いに北軍が勝利➡南軍の降伏 ❖ゲティスバーグ演説…**「人民の、人民による、人民のための政治」**

④南北戦争後のアメリカ合衆国

奴隷の解放	**憲法の修正**→**奴隷制廃止**：白人が旧奴隷の政治参加を阻止→差別は残存
西部の開拓	**大陸横断鉄道**開通(1869)：東部と西部が経済的・政治的に統一 **フロンティア**：未開拓地との境界地帯→西部開拓により1890年代に消滅
工業の発達	石炭・石油・鉄鋼を基礎とする工業発展➡19世紀末　世界一の工業国に ❖**中国人・インド人**など**アジア系移民**(クーリー)…工業発展を支える

3 資料

奴隷解放宣言(1863年)

1863年1月1日において、アメリカ合衆国に対して**反乱の状態にある州、あるいは州の一部が反乱の状態にあると指定された地域**において、**奴隷とされている者は、それ以後、永遠に自由の身分である**とする。アメリカ合衆国政府は、陸海軍当局も含めて、彼らの自由を承認かつ維持するものであって、自由を獲得するための彼らの努力に対して、これを抑圧する行為をしてはならない。

(歴史学研究会編『世界史史料7』)

ゲティスバーグ演説(1863年)

いまを遡ること87年前、われわれの先祖はこの大陸に、自由に抱かれ、万人は平等に創られているという原理に自らを捧げる、新しい国家を誕生させた。いまわれわれは大きな内戦の最中にあり、果たしてこのような国家は久しく存続できるのかを賭けて争っている。……われわれは大義のために最後の力を振り絞り、名誉ある死を遂げた人々から、さらなる大きな献身を引き継がなくてはならない。……そして、**人民の、人民による、人民のための政治**は、この世から消え去ることがあってはならないのである。

(歴史学研究会編『世界史史料7』一部改変)

解説 上記2つの資料は、ともに南北戦争中のアメリカ合衆国で発せられた。奴隷解放宣言では、**南部を反乱状態にある地域**とし、これらの地域における**奴隷解放**を宣言している。またゲティスバーグ演説では、戦争の目的が建国以来の**民主政治**の防衛にあることがうたわれている。これらを発表することで、リンカンは**戦争の目的を正当化し、国内外の世論の獲得をはかった**のである。

19世紀前半のヨーロッパ、19世紀のアメリカ大陸

	ヨーロッパ	アメリカ大陸
1803		〔a 〕購入(米)
1804	ナポレオン1世即位→第一帝政(仏)	〔b 〕独立←フランスから
1812	アメリカ=イギリス戦争→アメリカでの〔c 〕開始の契機	
1814	〔d 〕会議	
1815	〔e 〕成立:君主間の精神的誓約	
1821	〔f 〕独立戦争開始	●ラテンアメリカの独立運動さかん
1823		〔g 〕発表
1830	〔h 〕→ベルギーの独立	先住民強制移住法→先住民を強制移住
1848	〔i 〕→第二共和政(仏) オーストリア・プロイセン〔k 〕 →ハンガリー民族運動 〔l 〕国民議会(独)	〔j 〕戦争(1846~48) →カリフォルニア獲得 〔m 〕→移住者の増加
1849	ローマ共和国の樹立(伊)	
1852	〔n 〕即位→第二帝政(仏)	

❶ 19世紀前半のヨーロッパ

①1814年にナポレオン後の国際秩序の再建を目的に、〔1 〕が開かれた。オーストリア外相**メッテルニヒ**が主催した会議では、フランスが主張した〔2 〕を原則としてフランスなどで旧王朝が復活したが、ドイツには**神聖ローマ帝国**は再建されず、30カ国以上からなる〔3 〕が形成された。

②1815年にロシア皇帝の提唱により、君主間の精神的連帯をうたう〔4 〕が、また大国間の軍事同盟である〔5 〕も成立し、ウィーン体制の維持がはかられた。〔 5 〕はのちにフランスが加わり五国同盟となった。

③ウィーン体制下のヨーロッパでは、議会を開いて国民の政治参加の実現をめざす〔6 〕や、民族の統一や国家の独立をはかる〔7 〕(民族主義・国民主義)に沿った運動がさかんとなり、**国民国家**の形成がめざされた。

④1821年からの〔8 〕を経てギリシアが独立を達成し、1830年にフランスでおこった〔9 〕により、フランスには**七月王政**が成立した。また〔 9 〕の影響を受けてオランダから〔10 〕が独立を達成した。

⑤**七月王政**への不満から1848年にフランスでは〔11 〕が勃発し、**第二共和政**が実現し、臨時政府が成立した。四月普通選挙で社会主義者が大敗したのち、同年の大統領選挙に勝利した〔12 〕は、国民投票で皇帝**ナポレオン3世**となり、**第二帝政**が成立した。

⑥〔 11 〕の影響でオーストリアでは〔13 〕がおこり、**メッテルニヒ**が失脚してウィーン体制は崩壊した。また**ハンガリー**や**イタリア**では民族運動がおこり、**ハンガリー**は一時オーストリアから独立し、**イタリア**でもローマ共和国が成立したが、いずれも失敗におわった。

⑦プロイセンでも〔 13 〕がおこり、ドイツの統一と憲法を議論するために〔14 〕が開かれたが、翌年には解散した。

❷ 19世紀のアメリカ大陸

□ ①17世紀末にフランス領となっていた**ハイチ**では、フランス革命の影響で[15]が奴隷解放運動を展開した結果、1804年に史上初の黒人共和国として独立を達成し、**奴隷制**も廃止された。

□ ②ナポレオンによるスペイン占領の影響で、1810〜20年代に植民地生まれの白人である[16]を中心にラテンアメリカの独立がさかんになった。なかでもコロンビアやベネズエラの独立を指導した[17]が有名である。

□ ③ラテンアメリカ諸国の大部分は共和国として独立して**奴隷制**も廃止されたが、**ポルトガル**の王子が帝位に就いた[18]は、帝国として独立した。

□ ④アメリカ合衆国は、1823年に大統領が発表した[19]で、ヨーロッパとアメリカ大陸の相互不干渉を主張し、ラテンアメリカの独立を支持した。

□ ⑤19世紀前半の合衆国は西部への領土拡大を進め、1803年にはフランスから[20]を購入し、45年にテキサス、翌年にはオレゴンを併合した。

□ ⑥1848年、[21]に勝利した合衆国は**カリフォルニア**などを獲得し、その領土は太平洋岸に達した。この直後に金鉱が発見されると、世界中の人々が到来する[22]がおこり、西海岸は急速に発展した。

□ ⑦西部への領土拡大の過程で、1830年には[23]が制定され、先住民は居住地から西部の保留地へ移住を強制された。このうち多くのチェロキー族が命を落とした「[24]」と呼ばれる強制移住は特に有名である。

□ ⑧1812年に始まる[25]をきっかけに、イギリスとの貿易が途絶すると、合衆国では産業革命が始まった。産業革命と西部の発展とともに、[26]と奴隷制の拡大を求める**南部**と、[27]政策の実現をめざし、奴隷制に反対する**北部**の対立が激化した。

□ ⑨1860年に**共和党**の[28]が大統領に当選すると、翌61年に南部は[29]を結成して合衆国を離脱し、**南北戦争**が始まった。

□ ⑩1863年にリンカンは南部地域の[30]を発表して内外の支持を集め、同年の[31]に勝利した。この戦いののち、リンカンは「[32]」という一説を含んだ追悼演説をおこない、65年には南部の首都を陥落させて戦争に勝利した。

□ ⑪南北戦争後、南部の再建が進み、**憲法の修正**によって[33]も実現した、しかし白人が旧奴隷の政治参加を阻止したため、新たな差別が生じた。

□ ⑫1869年に[34]が開通した結果、西部開拓がいっそう進み、東部と西部が経済的・政治的に統一された。そして合衆国では、1890年代に西部の未開拓地との境界地帯である[35]が消滅した。

□ ⑬アメリカ合衆国では重工業が発展し、19世紀末には世界一の工業国となった。この発展を支えたのは、**中国人**や**インド人**などの[36](クーリー)であった。

ステップ・アップ・テスト(文の正誤を○×で判定しよう)

□ ①四国同盟にロシアが加わり、五国同盟となった。(20年追世A)

□ ②カリフォルニアで金鉱が発見され、ゴールドラッシュが起こった。(20年本世A)

Summary 19世紀後半のヨーロッパ

Point
❶ロシアの南下政策とクリミア戦争、ロシアの近代化とその挫折
❷イギリスとフランス、イタリア・ドイツの統一とビスマルク外交
❸19世紀ヨーロッパの経済学・哲学・歴史学と科学の発展

1 19世紀後半のヨーロッパ

①クリミア戦争

オスマン帝国の国力低下➡ロシアは黒海・バルカン半島への進出をはかる：**南下政策**	
クリミア戦争	ロシア：オスマン帝国内の**ギリシア正教徒保護**を名目に開戦 →オスマン帝国：英仏とサルデーニャが支援➡ロシアの敗戦 **パリ条約**(1856)：**黒海の中立化**→ロシアは黒海沿岸への軍港建設を断念

②ロシアの近代化：クリミア戦争の敗北→ロシアで近代化の動きが本格化

農奴解放令	**アレクサンドル２世**：**農奴解放令**(1861)…農奴に人格的自由を認める →土地は有償：土地を失った農民を労働力として**工業化**開始
テロリズム	知識人：社会主義を広め、**テロリズム**を肯定 ➡**アレクサンドル２世**暗殺(1881)により改革挫折

③イギリス…第１回**万国博覧会**で繁栄を誇示：**パクス＝ブリタニカ**(イギリスの平和)

自由貿易体制：インドなどから商品作物・資源を輸入、ラテンアメリカも影響下に	
議会制の確立 **選挙法改正**	**保守党**と**自由党**が議会選挙を争う：**二大政党**制の成立 都市労働者についで農業労働者も選挙権を獲得 →国民国家の整備：**労働組合**の合法化、公教育の整備

④フランス第二帝政と第三共和政

第二帝政	**ナポレオン３世**：国内産業育成、クリミア戦争や**第２次アヘン戦争**参戦 **ドイツ＝フランス**(プロイセン＝フランス)**戦争**の敗北→**第二帝政**崩壊
第三共和政	臨時政府の成立→共和政の復活：**第三共和政** ❖**パリ＝コミューン**成立(1871)…史上初の労働者による自治政府 国民国家の整備：共和国憲法制定→公教育の整備、**政教分離**の徹底

⑤イタリアの統一…サルデーニャ王国中心に統一が進む

サルデーニャ王国：国王**ヴィットーリオ＝エマヌエーレ２世**…首相に**カヴール**を登用	
イタリア王国	対オーストリア戦争(1859)：北イタリアに領土を拡大➡「青年イタリア」のガリバルディが両シチリア王国占領➡**イタリア王国**成立

⑥ドイツの統一…プロイセン王国中心に統一を達成

フランクフルト国民議会の挫折→統一の主導権は自由主義者から**ユンカー**へ移る	
プロイセン	国王**ヴィルヘルム１世**：**ビスマルク**の登用…**「鉄血政策」**推進 デンマークとの戦争(1864)：シュレスヴィヒ・ホルシュタイン獲得 ➡**プロイセン＝オーストリア戦争**(1866)➡**北ドイツ連邦**(1867) ➡**ドイツ＝フランス戦争**➡**ドイツ帝国**成立：皇帝ヴィルヘルム１世 ❖オーストリア：統一から除外→**オーストリア＝ハンガリー帝国**の成立

ビスマルクの内政	ドイツ統一の強化をはかる…「**文化闘争**」：**カトリック教徒**の抑圧 **社会主義者鎮圧法**(1878)…社会主義政党の弾圧 ❖社会主義者：社会主義者鎮圧法の撤廃後、**社会民主党**を結成
ビスマルク外交	**三帝同盟**成立(1873)：ドイツ・オーストリア・ロシア **ロシア＝トルコ戦争**(1877)：ロシアがバルカン半島支配をめざす ➡**サン＝ステファノ条約**：ロシアがブルガリアを保護国化 ➡**ベルリン会議**：ビスマルク：「公正な仲買人」→ロシアの南下阻止 …オスマン帝国から**セルビア・ルーマニア・モンテネグロ**独立 **三国同盟**(1882)：ドイツ・オーストリア・イタリア ➡ロシアと**再保障条約**(1887)：**フランスの孤立**と国際関係の安定に成功

❖国際的諸運動の展開：国境をこえた連帯や運動も活発化

第1インターナショナル：1864年にロンドンで結成、国際的な労働者組織

国際赤十字：クリミア戦争での**ナイティンゲール**の活躍、デュナンが提唱(1863)

② 19世紀ヨーロッパの文化・科学

①経済学・哲学・歴史学

経済学	**古典派経済学**：リカード(英)…自由放任的な経済政策を提唱 ⇔**マルクス**(独)…古典派経済学を批判、『**資本論**』で資本主義を分析
哲学	**功利主義**：ベンサム(英)…「最大多数の最大幸福」：民主主義の原理
	弁証法哲学：**ヘーゲル**(独)…進歩における国家の役割を強調
近代歴史学	**ランケ**(独)：厳密な史料批判にもとづく歴史学の確立

②科学の発展

生物学	**ダーウィン**(英)『種の起源』…**進化論**、従来の世界観・人間観を転換
医学	**パストゥール**(仏)：予防医学　**コッホ**(独)：コレラ菌・結核菌の発見 **レントゲン**(独)：X線の発見

③ 資料

イギリス初等教育法(1870年)

5　すべての学区には、その地区に居住し、他の方法によっては十分な初等教育をうけることのできないあらゆる児童が利用する初等教育の学校施設を備えなければならない。

7　初等学校は、以下の規約に従って運営されなければならない。

(1)児童は、入学が認められ登校を継続する条件として、**日曜学校あるいはその他の宗教的礼拝の場所への出席を要求されてはならない。または学校内外の宗教的儀式・宗教教育への出席を要求されてはならない。**

(歴史学研究会編『世界史史料6』)

教会と国家の分離に関する法(フランス政教分離法)(1905年)

第1条　**共和国は信教の自由を保障する。**共和国は、公共の秩序のために以下の制限を課すほかは、宗教行為の自由を保障する。

第2条　**共和国はいかなる宗教に対しても、公認をせず、給与を支払わず、補助金を交付しない。**したがって、本法の公布に続く1月1日より、宗教行為に関連するすべての支出を、国家、県、市町村の予算から削除する。

(歴史学研究会編『世界史史料6』)

解説 上記2つの資料は、イギリスでの初等教育の整備をめざした初等教育法と、フランスの政教分離法である。次代の国民を育成する**公教育の整備**と、政治と宗教の分離をはかる**政教分離**は、国民国家の整備に向けての必須条件であるが、**イギリスの初等教育法においても、宗教教育の強制が禁止されている**点に注目したい。両国とも絶対王政期には、宗教的理念をもとに王権が専制を強行した歴史をもっているため、**教育や政治における宗教的中立には敏感であった**ことを、資料から読み取ってほしい。

Speed Check! 19世紀後半のヨーロッパ

	ヨーロッパ	アメリカ大陸
1851	ロンドンで第１回［a　　　　］開催	
1853	［b　　　　］開戦	
1856	［c　　　　］条約：黒海の中立化	
1861	［d　　　　］王国成立：イタリアの統一 ［e　　　　］発布（露）	［f　　　　］の合衆国離脱 →［g　　　　］の開始
1863		リンカンが［h　　　　］発表
1866	［i　　　　］戦争	
1867	北ドイツ連邦成立→オーストリア統一から除外	
1869		［j　　　　］開通
1870	［k　　　　］戦争	
1871	［l　　　　］帝国：ドイツの統一	
1877	［m　　　　］戦争	
1878	［n　　　　］講和条約 →ベルリン会議：ロシアの南下政策挫折	
1882	［o　　　　］成立：独・墺・伊	

❶ 19世紀後半のヨーロッパ

①オスマン帝国の国力低下にともない、ロシアは黒海・地中海への出口を求める［1　　　　］を推進した。ロシアは、1853年には領内の**ギリシア正教徒保護**を口実に［2　　　　］を開始したが、オスマン帝国を支援するイギリス・フランス軍などに敗北し、56年の［3　　　　］で**黒海の中立化**を約束した。

②［ 2 ］の敗北をきっかけにロシアでは近代化の動きが本格化し、皇帝［4　　　　］は、1861年に［5　　　　］を発布した。このののちロシアでは**工業化**が進んだが、農村における社会主義の拡大をめざす知識人の間には、［6　　　　］を肯定する風潮が広まり、81年に［ 4 ］は暗殺された。

③1851年の第１回万国博覧会で繁栄を誇示したイギリスは、自由貿易体制のもとで世界を支配する［7　　　　］といわれる経済秩序をつくりあげた。

④19世紀後半のイギリスでは、**自由党**と**保守党**の［8　　　　］制のもとで改革が進み、２度にわたる［9　　　　］で都市労働者、さらには農業労働者に選挙権が与えられたほか、1871年には［10　　　　］も合法化された。

⑤フランス皇帝［11　　　　］は国内産業の育成をはかる一方、［ 2 ］や［12　　　　］に参戦するなど積極的な外交政策を展開したが、**ドイツ＝フランス戦争**に敗れて退位し、［13　　　　］は崩壊した。

⑥フランスでは臨時政府のもとで［14　　　　］が成立した。労働者は［15　　　　］を組織してこれに対抗したが、政府により弾圧された。その後、共和政のもとで公教育が整備され、政治と宗教を分離する［16　　　　］も徹底された。

⑦首相［17　　　　］のもと、**サルデーニャ王国**はオーストリアとの戦争を通じて北イタリアに領土を広げた。1860年には青年イタリアの［18　　　　］が、両シチリア王国を占領してサルデーニャ王［19　　　　］に献上したことで統一はほぼ達成され、1861年には**イタリア王国**が成立した。

☐ ⑧1848年に開かれたフランクフルト国民議会が挫折したのち、ドイツ統一の主導権は自由主義者から〔[20] 〕と呼ばれる地主階級へと移った。

☐ ⑨プロイセン国王**ヴィルヘルム１世**に登用された〔[21] 〕は**「鉄血政策」**を推進し、デンマークからシュレスヴィヒ・ホルシュタインを獲得した。さらに1866年の〔[22] 〕にも勝利し、**北ドイツ連邦**を結成した。

☐ ⑩プロイセンは1870年からの〔[23] 〕にも勝利し、**ドイツ帝国**を成立させた。このときドイツ統一から除外されたオーストリアは、領内のハンガリーに自治を認め、〔[24] 〕を成立させた。

☐ ⑪統一後ビスマルクは、「〔[25] 〕」でカトリック教徒を抑圧したのち、〔[26] 〕を制定して社会主義者を弾圧した。ビスマルクの引退後、〔 26 〕が撤廃されると、社会主義政党は〔[27] 〕を結成した。

☐ ⑫外交面では、ビスマルクは1873年に**三帝同盟**を結成し、ヨーロッパの安定をはかった。しかし77年の**ロシア＝トルコ戦争**に勝利したロシアが、オスマン帝国と〔[28] 〕を結んでブルガリアを保護国化し、南下政策を達成した。

☐ ⑬〔 28 〕に反対の動きがみられると、ビスマルクは「公正な仲買人」を称して〔[29] 〕を開き、ロシアの南下を阻止し、オスマン帝国から**セルビア・ルーマニア・モンテネグロ**の独立を認めた。

☐ ⑭1882年にビスマルクは〔[30] 〕を結成し、その後ロシアとも〔[31] 〕を結び、**フランスの孤立**と国際関係を安定させることに成功した。

☐ ⑮この時期のヨーロッパでは、国境をこえた連帯の動きも活発となり、1864年にはロンドンに集まった各国の社会主義者によって〔[32] 〕が結成された。またクリミア戦争での看護師〔[33] 〕の活躍に影響を受けたスイスのデュナンにより、63年に〔[34] 〕が提唱された。

❷ 19世紀ヨーロッパの文化・科学

☐ ①産業社会がいち早く発達した19世紀のイギリスでは、リカードらの〔[35] 〕者により自由放任的な経済政策がとなえられたが、産業社会の発展が遅れたドイツでは、〔[36] 〕が〔 35 〕を批判し、**『資本論』**を著した。

☐ ②19世紀のイギリスでは、ベンサムらがとなえた〔[37] 〕が民主主義の原理を支えた。またドイツでは**弁証法哲学**を大成した〔[38] 〕が、進歩における国家の役割を強調し、〔[39] 〕は近代歴史学を確立した。

☐ ③1859年に生物学者〔[40] 〕は『種の起源』で**進化論**を提唱した。

☐ ④フランスの〔[41] 〕やコレラ菌などを発見したドイツの〔[42] 〕の研究により、細菌学が発展した。また〔[43] 〕はX線を発見し、医学の発展に貢献した。

ステップ・アップ・テスト(文の正誤を○×で判定しよう)

☐ ①イギリス・フランスは、クリミア戦争でロシアを支援した。(20年追世A)

☐ ②パストゥールの研究によって、細菌学が発展した。(19年追世B)

西アジアの変容と南アジア・東南アジアの植民地化

Point
❶エジプトの自立とイギリスの侵略、オスマン帝国の動揺とガージャール朝
❷インドにおけるイギリスの侵略とインド大反乱
❸東南アジアにおけるヨーロッパ諸国の侵略と植民地化

1 西アジアの変容

❖**「東方問題」**の発生：オスマン帝国の領域をめぐるヨーロッパ諸国の争い

①エジプトの自立

エジプト：オスマン帝国領→ムハンマド＝アリーが自立の動きをみせる(19世紀初め)	
ムハンマド＝アリー	ナポレオンの**エジプト遠征**(1798)→**ムハンマド＝アリー**の台頭 エジプト総督に就任(1805)：**ムハンマド＝アリー**朝の成立 …徴兵制の導入、綿花の専売制導入：富国強兵策を推進 **ギリシア独立戦争**でオスマン帝国を支援➡領土拡大を要求
エジプト＝トルコ戦争	2度にわたってオスマン帝国に勝利 …**ムハンマド＝アリー**の総督世襲承認、領土拡大は認められず
スエズ運河	**スエズ運河**開通(1869)：エジプトの財政難⬌イギリスがエジプトの**スエズ運河会社株**買収(1875)→英仏の財務管理下に
ウラービー運動	スローガン：**「エジプト人のためのエジプト」**→立憲制の要求 ➡イギリスによる鎮圧➡エジプトを軍事占領して保護下におく

②オスマン帝国の動揺

ギリシア独立戦争	英・仏・露の干渉➡ギリシアの独立承認：「東方問題」の激化
タンジマート	**オスマン主義**にもとづく司法・行政・軍事などの西欧化改革 ❖オスマン主義：宗教・民族の区別なく臣民の法の前の平等承認
財政の破綻	**トルコ＝イギリス通商条約**➡イギリスの綿製品が低関税で輸入 **クリミア戦争**の戦費負担➡財政破綻：債権者による債務管理
オスマン帝国憲法(ミドハト憲法)	アブデュルハミト2世が登用した宰相**ミドハト＝パシャ**が起草 オスマン人の自由・平等を保障、**責任内閣制**を規定 ➡**ロシア＝トルコ戦争**を口実にスルタンは議会を停止(1878)

③イラン(ガージャール朝)

ガージャール朝成立(18世紀末)➡南下政策を進めるロシアとの戦いに敗北(1828)➡ロシアに南コーカサスを割譲、通商上の特権承認：「イスラーム世界の危機」の高まり	
アフガーニー	**パン＝イスラーム主義**の提唱：ムスリムに覚醒と連帯を呼びかけ →**ウラービー運動**、イランの**タバコ＝ボイコット運動**(1891～92)に影響 ❖タバコ＝ボイコット運動：英のタバコ利権にウラマーたちが抵抗

2 インドの植民地化

プラッシーの戦い	イギリス東インド会社がフランス・現地勢力を撃破(1757) ➡東部のベンガル地方を中心とした地域の**徴税権**などを獲得
マイソール戦争	マイソール王国を破って**南インド**の支配権を獲得(1767～99)

マラーター戦争 **シク戦争**	マラーター同盟を破って**デカン高原**を獲得(1775～1818) シク王国を破って**パンジャーブ地方**を獲得(1845～49) →イギリスは支配地域の一部を**藩王国**として間接統治
インド大反乱 **インド帝国**	**シパーヒー**(東インド会社のインド人傭兵)の反乱から開始(1857) ➡北インド一帯に拡大：ムガル皇帝の統治復活宣言➡イギリスが鎮圧 【結果】ムガル皇帝廃位➡**ムガル帝国**滅亡、**東インド会社解散**(1858) **ヴィクトリア女王**がインド皇帝兼任(1877)：本国政府の直接統治

3 東南アジアの植民地化

ヨーロッパ諸国：東南アジアでの商業権益の拡大➡領土の獲得へと移行	
インドネシア (ジャワ)	オランダ：**ジャワ島**の大半を支配➡**強制栽培制度**の導入 ❖強制栽培制度：米などの代わりに輸出用の商品作物を強制的に栽培
マレー半島 ビルマ	イギリス…**海峡植民地**成立(1826)：**ペナン・マラッカ・シンガポール** ➡**マレー連合州**(1895)：**マレー半島**支配→錫・ゴムの生産拡大 ビルマ戦争(1824～86)➡イギリス：ビルマを**インド帝国**に編入
フィリピン	スペインの支配：住民を**カトリック**へ強制改宗➡欧米諸国の求めに応じて **マニラ**を正式開港(1834)➡サトウキビ・マニラ麻などの生産拡大
ベトナム	**阮朝**…**阮福暎**：フランス人の協力で建国(1802)➡カトリックを迫害 ➡フランスの軍事介入(1858～62)：サイゴン占領⬌劉永福率いる**黒旗軍**抵抗 **清仏戦争**(1884～85)：ベトナムの宗主権をめぐる清とフランスの争い ➡**天津条約**(1885)：清はフランスのベトナム保護権を承認➡**フランス領インドシナ連邦**(1887)：ベトナム・**カンボジア**を支配→**ラオス**を編入
タイ	**ラーマ4世**：英とボーリング条約締結(1855)…自由貿易により米を輸出 **チュラロンコン**(ラーマ5世)：英仏両勢力の**緩衝地帯**として独立維持

4 資料

オスマン帝国憲法(ミドハト憲法)(1876年)

第8条　**オスマン国籍を有する者はすべて、いかなる宗教宗派に属していようとも例外なくオスマン人と称される。**オスマン人の資格は、法律の定めるところにより、取得または喪失される。

第11条　オスマン帝国の国教はイスラーム教である。この原則を遵守し、かつ国民の安全と公共良俗を侵さない限り、オスマン帝国領において認められるあらゆる宗教行為の自由、ならびに処々の宗教共同体に与えられてきた宗教的特権の従来通りの行使は、国家の保障の下にある。　(歴史学研究会編『世界史史料8』)

エジプト国民党綱領(1881年)

5．**エジプト国民党は政治的党派であって、宗教的党派ではない。**その隊伍には、……さまざまな信仰の人々が加わっている。エジプト人の9割はイスラーム教徒であるから、国民党も主としてイスラーム教徒から成るが、党はムーア人やコプトのキリスト教徒やユダヤ教徒や、エジプトの土を耕し、その言葉を話す、その他の者たちによっても支持されている。**国民党はこれらの人々の間に一切の区別を設けず、すべての者は同胞であり、政治的にも法的にも平等な権利を有していると考えている。**　(歴史学研究会編『世界史史料8』)

解説 上記2つの資料は、ともに19世紀後半の西アジアでの国民国家がめざす方向について述べている。**オスマン帝国憲法**では、オスマン国籍をもつ者は宗教に関係なくオスマン人とし、**オスマン人による国家統合**をめざしている。一方、**ウラービー運動**の直前に出された「エジプト国民党綱領」も、**宗教の区別なく、法的に平等なエジプト人を中心とした国家統合**をめざしている。このようにイスラーム教徒が多数を占める西アジアでも、**宗教をこえた国民国家統合の動きがみられた**ことを読み取ってほしい。

Speed Check! 西アジアの変容と南アジア・東南アジアの植民地化

	西アジア	南アジア	東南アジア
1800		[b　]戦争(1775~1818)	ベトナム[a　]朝(1802) [c　]戦争(1824~86) [d　]植民地(英)(1826)
	ギリシア独立戦争(1821~29) [e　]戦争(1831~33、39~40) [g　]開始(1839~76)	[h　]戦争(1845~49)	ジャワで[f　]制度(1830)
1850		シパーヒーの反乱が[i　]へ発展(1857~59) [j　]滅亡(1858)	フランスがベトナムに軍事介入(1858~62)
	スエズ運河株買収(英)(1875) [k　]憲法(1876) [l　]運動(1881~82) タバコ=ボイコット運動(1891~92)	インド帝国成立(1877)	[m　]戦争(1884~85) [n　]成立(1887)

1 西アジアの変容

①19世紀には、衰退しつつあったオスマン帝国の領域をめぐり、「[1　]」と呼ばれる国際問題が発生した。

②ナポレオンの**エジプト遠征**後の混乱に乗じ、[2　]はエジプト総督となって[2]朝を創始し、富国強兵策を推進した。**ギリシア独立戦争**でオスマン帝国を支援した見返りに、[2]は領土拡大を要求し、2度にわたる[3　]をおこしたが、領土拡大はならなかった。

③1869年に[4　]が開通したが、エジプトが財政難におちいると、イギリスは**スエズ運河会社株**の大半を買収した。その後イギリスの支配に対し、**「エジプト人のためのエジプト」**を掲げた[5　]がおこったが、鎮圧された。

④1839年オスマン帝国では、宗教・民族の区別なく臣民の平等をはかる[6　]にもとづき、[7　]という西欧化改革が始まった。

⑤**トルコ=イギリス通商条約**が結ばれると、イギリスから安価な綿製品が流入するようになり、オスマン帝国の工業は破壊された。また[8　]での莫大な戦費をまかなうため、帝国は借款を重ね、1875年には財政が破綻した。

⑥1876年にオスマン帝国は大宰相[9　]が起草した[10　]を発布した。この憲法ではオスマン人の自由・平等や**責任内閣制**が定められたが、翌年、[11　]がおきると、アブデュルハミト2世は、戦争を理由に議会を停止させ、スルタンによる専制体制が復活した。

⑦18世紀末イランに成立した[12　]は、南進してきたロシアとの戦いに敗れ、1828年に南コーカサスの割譲と通商上の特権を認めた。

☐ ⑧「イスラーム世界の危機」を背景に、[13 　　　　　　　　]は**パン＝イスラーム主義**をとなえ、ムスリムに覚醒と連帯を呼びかけた。この思想は、エジプトの[5]やイランで1891年におこる[14 　　　　　　　　]に影響を与えた。

❷ インドの植民地化

☐ ①イギリスとフランスはインドをめぐり激しい抗争を繰り返していたが、1757年の[15 　　　　　　　　]で、イギリス東インド会社はフランスと現地勢力を破り、東部ベンガル地方を中心とした地域の[16 　　　　　　　　]などを獲得した。

☐ ②イギリスは、[17 　　　　　　　　]を通して**南インド**、[18 　　　　　　　　]を通して**デカン高原**、さらに[19 　　　　　　　　]を通して**パンジャーブ地方**に支配を広げ、**藩王国**を通じての間接統治も含め、インド全域を支配下においた。

☐ ③イギリスの支配に対するインド人の反感は、1857年[20 　　　　　　　　]と呼ばれた東インド会社の傭兵がおこした反乱から始まる[21 　　　　　　　　]を機に爆発した。反乱軍は北インド一帯に勢力を広げ、ムガル皇帝の統治復活を宣言した。

☐ ④1858年にムガル皇帝が流刑となり、[22 　　　　　　　　]は滅亡した。また[23 　　　　　　　　]も命じられ、インドは本国政府の直接統治下におかれた。

☐ ⑤1877年には[24 　　　　　　　　]が成立し、イギリス国王の[25 　　　　　　　　]がインド皇帝を兼任した。

❸ 東南アジアの植民地化

☐ ①18世紀半ばに**ジャワ島**の大半を支配したオランダは、米などの代わりに輸出用作物を栽培させる[26 　　　　　　　　]によって利益をあげた。

☐ ②マレー半島に進出したイギリスは、1826年に**ペナン**・**マラッカ**・[27 　　　　　　　　]をあわせて[28 　　　　　　　　]を成立させ、その後95年には[29 　　　　　　　　]を結成させて**マレー半島**を支配した。さらに24年以降、３回にわたるビルマとの戦争で現地の王朝を滅ぼし、ビルマを[24]に編入した。

☐ ③フィリピンに進出したスペインは、住民を強制的に[30 　　　　　　　　]に改宗させ、19世紀には欧米諸国の求めに応じて[31 　　　　　　　　]を正式に開港した。

☐ ④19世紀初め、ベトナムでは[32 　　　　　　　　]がフランス人の協力を得て[33 　　　　　　　　]を建てたが、19世紀半ばにフランスは軍事介入を始め、サイゴンを占領した。これに対して劉永福が率いる[34 　　　　　　　　]による民族的抵抗がみられた。

☐ ⑤1884年からの[35 　　　　　　　　]後に結ばれた**天津条約**で、清はフランスのベトナム保護権を承認した。87年にフランスは、ベトナムに**カンボジア**をあわせて[36 　　　　　　　　]を成立させ、99年には**ラオス**を編入した。

☐ ⑥タイでは、19世紀後半に**ラーマ４世**がボーリング条約で西欧諸国との自由貿易を開始し、米を輸出した。続く国王[37 　　　　　　　　]は、イギリスとフランスの**緩衝地帯**という位置を巧みに利用して、タイの独立を維持した。

ステップ・アップ・テスト(文の正誤を○×で判定しよう)

☐ ①1830年代にタンジマートが開始された。(18年追世Ａ)

☐ ②チュラロンコン(ラーマ５世)が、ラオスで近代化政策を進めた。(20年本世Ａ)

Summary アヘン戦争の衝撃と日本の開国

Point
❶アヘン戦争がおきた背景とそれに対する中国と日本の対応
❷アメリカとの条約締結が幕府の政治方針に与えた影響
❸幕末期の政局の変遷と社会変動

❶ アヘン戦争と太平天国の乱

三角貿易	**イギリス**は**自由貿易**を求めて使節団を送るが、清はこれに応じず 18世紀後半　イギリス：中国茶の輸入が増大→**銀**の一方的な流出に悩む イギリス ⇄ 清(中国)（茶／銀）、イギリス→インド（綿製品）、インド→清(中国)（アヘン） 清(中国)**アヘン**輸入の拡大で銀が流出
アヘン戦争	清朝の**林則徐**：広州でアヘンを没収・廃棄➡**アヘン戦争**勃発(1840～42) ➡**南京条約**(1842)…英に**香港島**を割譲、広州など5港を開港、**領事裁判権承認**や一方的な**最恵国待遇**を認めるなど
アロー戦争	**第2次アヘン戦争(アロー戦争)** **アロー号事件**(1856)：清が英船籍のアロー号船員を不当に逮捕➡開戦 ➡英仏軍が北京を占領➡**北京条約**(1860)…天津・漢口など11港を開港、外国公使の北京常駐、キリスト教の布教の自由、**アヘン貿易の合法化**
太平天国	**洪秀全**：キリスト教の影響を受けた上帝会を組織して広西省で挙兵 ➡**太平天国**を樹立(1851)➡**南京**を占領して首都に …満洲人の清朝打倒、男女平等、土地の均分などをとなえ、民衆から支持 ➡**曽国藩**、**李鴻章**などの漢人官僚が組織する地方義勇軍(**郷勇**)が活躍 **北京条約**締結(1860)で諸外国は清を支援➡太平天国の滅亡(1864)
洋務運動	太平天国滅亡後に国内秩序が一時的に安定➡**洋務運動**の開始 曽国藩、李鴻章など…富国強兵をめざして西洋の学問を導入 **「中体西洋」**：中国の道徳倫理を根本に西洋技術の利用をはかる思想 国家や社会制度を大きく変革せず

❷ 日本の開国とその影響

開国	**ペリー**の浦賀来航(1853)　❖老中首座**阿部正弘** 【背景】日本沿岸での**捕鯨**・**漂流民**救護、中国貿易の**寄港地**確保 ➡**日米和親条約**締結(1854)：米国船への薪水給与、難破船救助 **下田**・**箱館**開港と領事駐在、米国に一方的な**最恵国待遇**を認める
日米修好通商条約	アメリカ総領事**ハリス**：通商条約の締結を要求 ➡**大老井伊直弼**は**日米修好通商条約**の無勅許調印を断行(1858) ❖条約内容　ⓐ神奈川・長崎・新潟・兵庫の開港　ⓑ**領事裁判権**を認める ⓒ**関税自主権**の欠如　ⓓ開港場に居留地設置
	➡**安政の五カ国条約**：**蘭**・**露**・**英**・**仏**とも類似の条約を締結

開港とその影響	ⓐ貿易　【相手国】**イギリス**が中心(**アメリカ合衆国**は**南北戦争**が始まる) 【貿易港】**横浜**が中心 【輸出品】**生糸**・**蚕卵紙**・茶・海産物 【輸入品】**毛織物**・**綿織物**・武器・艦船 （輸出品・輸入品）1860年代前半は輸出超過➡物価上昇 ⓑ**金銀比価問題**(日本＝金１：銀５、欧米＝金１：銀15)➡金の大量国外流出➡貨幣改鋳による物価上昇➡人々の生活を苦しめ、一揆や打ちこわし、幕政批判→**尊王攘夷運動**の背景に

③ 幕末の政局

①政局の転換

将軍継嗣(けいし)問題	13代将軍**徳川家定**が病弱実子なし→幕府内で後継者をめぐって対立 **井伊直弼**の大老就任➡**日米修好通商条約**の無勅許調印、紀州藩主**徳川慶福**(よしとみ)(のち**家茂**(いえもち))が14代将軍に
安政の大獄	**井伊直弼**の強硬路線：井伊は反対派を弾圧(尊王攘夷派からの反発) ➡**桜田門外の変**(1860)：水戸藩脱藩の元藩士ら、井伊直弼を暗殺

②公武合体運動と尊攘運動

1860	老中**安藤信正**就任➡**公武合体**政策 (和宮と家茂の政略結婚を計画)	1864	**禁門の変**(**蛤御門の変**) **第１次長州征討** **四国艦隊下関砲撃事件** 長州で**高杉晋作**ら挙兵 ➡藩論を倒幕へと転換
1862	文久の改革(島津久光) **生麦事件**(薩摩藩) 尊王攘夷論の台頭		
1863	**薩英戦争**(1863) 長州藩外国船砲撃 八月十八日の政変	1866	**薩長同盟**成立(薩摩藩、倒幕に転換) **第２次長州征討** 徳川家茂死去➡幕府軍、撤退
列強の動向	英公使パークス：雄藩連合政権に期待　仏公使ロッシュ：幕府支援		

④ 江戸幕府の滅亡

15代将軍**徳川慶喜** **大政奉還**の上表(1867.10) **王政復古の大号令**(1867.12)	徳川家を含む有力諸藩が合議する政権(**公議政体**)をめざす 徳川慶喜が征夷大将軍を辞し、朝廷へ政権を返上 薩長側は公家の**岩倉具視**と協力して朝廷の主導権を握り、新政府を発足させる➡江戸幕府の終焉

⑤ 資料

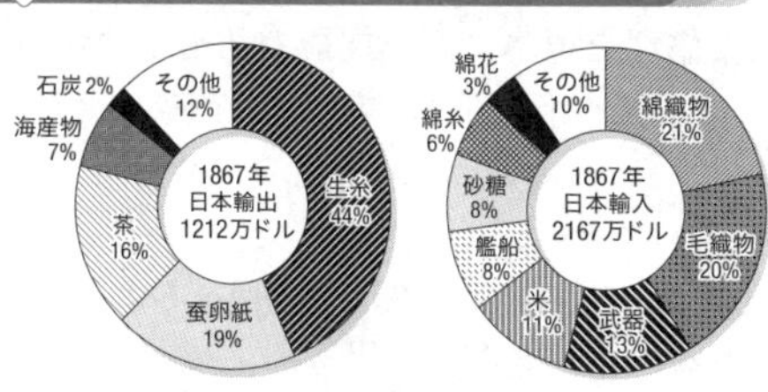

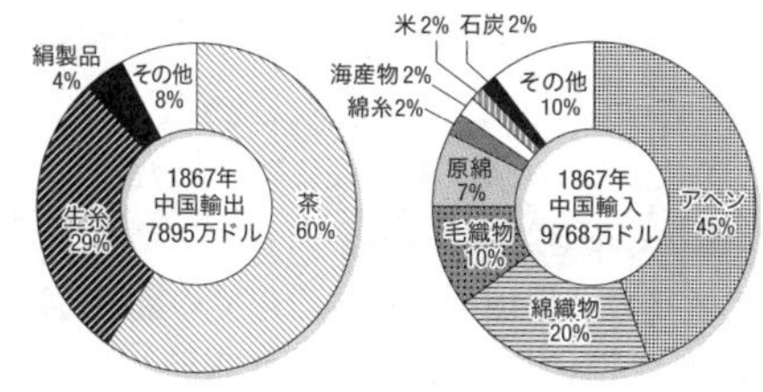

1867年の日本と中国の輸出入

(石井孝『幕末貿易史の研究』、Hsano Liang-lin、China's Foreign Trade Statistics 1864-1949などより作成)

解説 石炭・海産物・米・砂糖・綿花の取引きがアジア内の貿易であるほかは、欧米との貿易。蚕卵紙はフランスやイタリアでカイコの病気が流行したため、幕末の日本の重要な輸出品となった。日中両国とも1860年代後半は輸入超過で金銀が流出している。

Speed Check! アヘン戦争の衝撃と日本の開国

清	日 本
1840 [a 　　　　]戦争(～42)→ 　　　　→南京条約(1842)	1842 天保の薪水給与令
1851 [b 　　　　]の乱(～64)	1853 [c 　　　　]来航
1856 アロー号事件	1854 [d 　　　　]条約締結
1856 [e 　　　　]戦争(～60) 　　　　→北京条約(1860)	1858 [f 　　　　]条約締結　安政の大獄 1860 [g 　　　　]の変
●[h 　　　　]の開始 (1860年代～90年代)	1863 [i 　　　　]戦争 1864 禁門の変　四国艦隊下関砲撃事件
1864 太平天国滅亡	1866 [j 　　　　]　第2次長州征討 1867 [k 　　　　]　[l 　　　　]の大号令

❶ アヘン戦争と太平天国の乱

☐ ①**イギリス**は清に対して自由な貿易を求め、使節団を送ったが、清は**自由貿易**要求には応じなかった。中国から茶の輸入が拡大していたイギリスは、代価として**銀**が流出することを防ぐため、清とインドを結ぶ[1 　　　　]を始め、インド産の[2 　　　　]の密貿易を拡大し、銀の回収をはかった。

☐ ②清は**林則徐**を派遣して、アヘンを没収廃棄したため、イギリスは損害賠償と通商条約の締結とを求めて[3 　　　　]をおこした。

☐ ③1842年の[4 　　　　]で、清は[5 　　　　]の割譲、広州など5港の開港、**領事裁判権承認**や一方的な**最恵国待遇**を認めた。

☐ ④英仏両国は貿易拡大をねらい、1856年の**アロー号事件**を契機に[6 　　　　]をおこして[7 　　　　]を結び、外国行使の北京駐在や**アヘン貿易の合法化**などを認めさせた。

☐ ⑤キリスト教の影響を受けた[8 　　　　]は[9 　　　　]を樹立した。1853年には**南京**を占領して首都とし、満洲人の清朝を打倒して新しい国家をおこすことを呼びかけ、民衆から支持を得た。

☐ ⑥清の正規軍は弱体化しており、**曽国藩**、**李鴻章**などの漢人官僚が組織する地方義勇軍(**郷勇**)が活躍した。また、欧米諸国は[7]で要求が受け入れられると清朝側につき、1864年に太平天国は滅亡した。

☐ ⑦太平天国鎮圧後の清では、曽国藩、李鴻章などが西洋の学問を導入して富国強兵をめざす[10 　　　　]が始まった。中国の道徳倫理を根本に西洋技術の利用をはかる「[11 　　　　]」の考え方がとられたが、おおむね伝統的な体制の維持安定をめざしたため、改革が不徹底に終わった。

❷ 日本の開国とその影響

☐ ①アメリカ合衆国は、日本沿岸での**捕鯨・漂流民救護**、中国貿易の**寄港地**確保をしようと、1853年に[12 　　　　]が来航して、通商を求めた。老中首座[13 　　　　]は開国を決意し、その結果、幕府は[14 　　　　]を締結した。

☐ ②幕府はこの条約で**下田・箱館**の開港と領事の駐在を認めたほか、アメリカに対して一方的な[15 　　　　]を認めた。

☐ ③アメリカ総領事**ハリス**は、第2次アヘン戦争の状況を説いて、通商条約の締結を幕府に迫り、1858年、**大老**[16]は勅許がないまま[17]に調印した。さらに**オランダ・ロシア・イギリス・フランス**とも類似の条約を結んだ([18])。

☐ ④日米修好通商条約では、日本は神奈川・長崎・新潟・兵庫を開港した。また、[19]を認め、[20]がない不平等条約であった。

☐ ⑤開港後は**横浜**が貿易の中心地で、貿易相手国は[21]が始まった**アメリカ合衆国**よりも[22]が中心となった。おもな輸出品目は、[23 ・]、輸入品目は、[24 ・]だったが大幅な輸出超過となった。さらに[25]や貨幣改鋳による物価上昇は、一揆や打ちこわしを頻発させ、これらが[26]の背景となった。

3 幕末の政局

☐ ①13代将軍**徳川家定**の後継者をめぐって対立がおき、[16]は**徳川慶福**(のち**家茂**)を後継者と決め、反対派を弾圧したが([27])、尊王攘夷派の反発が強まり、水戸藩脱藩の元藩士らに[28]で暗殺された。

☐ ②老中**安藤信正**は、朝廷との融和をはかる[29]政策をとり、孝明天皇の妹和宮と徳川家茂の政略結婚を実現させた。

☐ ③薩摩藩は前年のイギリス人殺害事件([30])の報復として来航したイギリス艦隊と交戦したが([31])、その後はイギリスと良好な関係を築いていった。また、長州藩は、[32]をおこしたが敗れ、幕府は諸藩を動員して**第1次長州征討**を決行した。長州藩は、英・米・仏・蘭による**四国艦隊下関砲撃事件**も重なり、幕府に恭順の態度をとった。

☐ ④**高杉晋作**らの挙兵により、藩論を転換させた長州に対し、幕府は**第2次長州征討**を始めたが、坂本龍馬らの仲介で[33]が成立し、薩摩藩も倒幕に転換した。

4 江戸幕府の滅亡

☐ ①新たに将軍となった[34]は、朝廷のもとで徳川家を含む有力諸藩が合議する政権(**公議政体**)をめざした。

☐ ②1867年、徳川慶喜は[35]の上表を提出した。討幕派の公家[36]は薩長両藩などの討幕派と朝廷の主導権を握り、[37]を発して、新政府を発足させた。

ステップ・アップ・テスト(文の正誤を○×で判定しよう)

☐ ①日米和親条約にもとづき、下田と箱館を開港し、アメリカに一方的な最恵国待遇を与えた。(12年追日A)

☐ ②イギリスは、条約の締結でアメリカに遅れたが、日本の貿易相手国のうち最大の比重を占めた。(15年本日A)

明治維新と富国強兵、立憲国家の成立

Point
❶明治新政府の諸改革と殖産興業、文明開化
❷明治初期の欧米諸国や東アジア諸国との対外関係
❸立憲体制の成立過程における自由民権運動の変遷と大日本帝国憲法の制定

1 明治政府の諸改革

①戊辰戦争と新政府の発足

戊辰戦争		新政府の動き	
1868.1	鳥羽・伏見の戦い	1868.3	**五箇条の誓文**(政府の基本方針) **五榜の掲示**(民衆向け)
1868.9	会津戦争：奥羽越列藩同盟敗北		
1869.5	箱館戦争：旧幕府軍降伏	1869.3	東京遷都

②新政府の諸改革

版籍奉還(1869)	政府は諸藩に土地と領民を天皇に返還することを命じる ➡藩制の実態は残る(旧藩主→**知藩事**)
廃藩置県(1871)	ⓐ薩摩・長州・土佐の３藩から御親兵(ごしんぺい)(兵１万人)を組織 ⓑ261の藩を廃止、３府72県をおく(旧大名は東京居住、**府知事・県令**派遣) ⓒ国内の政治的統一が達成(中央集権体制)
四民平等	身分制度撤廃　新たな族籍にもとづく統一的な戸籍の編成 **華族**(**旧藩主・公家など**)・**士族**(**武士**)・**平民**→壬申(じんしん)戸籍(1872)
地租改正(1873)	**地券**を発行し、土地所有者を確定　豊凶に関係なく**地価の３%**を地券所有者が金納➡政府の財政は安定、一方で農民の負担は変わらず➡**地租改正反対一揆**
徴兵制	**徴兵告諭**(1872)➡**徴兵令**(1873)➡士族が軍事力の担い手としての立場を失う

③殖産興業と文明開化

殖産興業	【方針】**富国強兵**：経済発展と軍事力の強化→近代国家の形成をめざす ❖鉄道(1872、新橋～横浜)・電信施設・造船所・鉱山 ❖**官営模範工場**として**富岡製糸場**を開設(1872、群馬) ❖産業の育成に**お雇い外国人**を招き、技術指導をあおぐ ❖**新貨条例**(1871)：新硬貨**円**・**銭**・**厘**の単位と相互の換算比率が定まる ❖**国立銀行条例**(1872)➡国立銀行設立(1876、不換紙幣を容認へ)
文明開化	【教育】**学制**公布(1872)：**フランス**の学校制度にならう 【啓蒙思想】**福沢諭吉**『**学問のすゝめ**』、**中村正直**(まさなお)『**西国立志編**(さいごくりっしへん)』 【郵便】**前島密**(ひそか)の建議で**郵便制度**が発足(1871) 【世相】洋服、ざんぎり頭、太陽暦採用

2 日本のアジア外交と国境問題

条約改正	**岩倉使節団**(1871～73)→条約改正の予備交渉(失敗) ➡欧米の国情視察の変更➡近代化・内治整備の必要性を痛感
清 朝鮮	【清】**日清修好条規**(1871、対等条約) 【朝鮮】**征韓論**➡**明治六年の政変**(1873)➡**江華島事件**(1875) ➡**日朝修好条規**(江華条約)(1876、朝鮮にとって不平等条約)

国境画定	ⓐ蝦夷地：北海道と改称、開発などを担当する**開拓使**設置 ⓑ**樺太・千島交換条約**締結(1875)：樺太はロシア領に、千島列島は日本領に 樺太や千島の**アイヌ**は居住地の選択と移住を迫られる ⓒ**小笠原諸島**の領有を宣言(1876) ⓓ琉球：琉球王国→琉球藩設置(1872)➡**台湾出兵**(1874)➡**沖縄県**設置(**琉球処分**、1879) 琉球の帰属をめぐる日清の対立は日清戦争(1894) まで続く

3 自由民権運動と大日本帝国憲法

①自由民権運動

士族の反乱	**廃刀令**(1876)　**秩禄処分**(1876)➡不平士族が西日本であいついで蜂起 ➡**西南戦争**(1877)：**西郷隆盛**を中心に鹿児島の不平士族が挙兵	
自由民権運動の展開	1874	**板垣退助**らが**民撰議院設立の建白書**(有司専制批判、国会開設要求)を政府に提出
	1875	**愛国社**結成➡政府は**讒謗律**・**新聞紙条例**などで弾圧
	1880	**国会期成同盟**が国会開設請願書提出➡政府は**集会条例**で弾圧
	1881	**開拓使官有物払下げ事件**➡**明治十四年の政変**：**大隈重信**は政府から追放、**国会開設**の勅諭 **自由党**結成(総理**板垣退助**、フランス流の急進主義)
	1882	**立憲改進党**結成(党首**大隈重信**、イギリス流の漸進主義) **秩父事件**や加波山事件など政府は各地の事件を弾圧、自由党の解党と大隈の改進党離党で運動は一時衰退
	1887	**大同団結運動**：井上馨外相の外交失敗に対し結集、**三大事件建白運動**➡政府は**保安条例**で弾圧

②大日本帝国憲法の制定

立憲体制の準備	ⓐ**伊藤博文**らの渡欧→ドイツ流の憲法研究→憲法制定と国会開設準備 ⓑ**華族令**の公布：貴族院の準備 ⓒ**内閣制度**創設：太政官制を廃止、初代**内閣総理大臣**は伊藤博文
憲法の制定	ⓐ伊藤博文、井上毅らが起草(顧問：**ロエスレル**〈独〉)　ⓑ**枢密院**で憲法草案審議 ⓒ**大日本帝国憲法**(明治憲法)発布(1889.2.11) …天皇(元首)が定めて国民(臣民)に与える**欽定憲法** **天皇大権**：宣戦・外交権・統帥権・**緊急勅令**など **帝国議会**：天皇を協賛(**貴族院**と**衆議院**)

4 資料

大日本帝国憲法(1889年2月11日)

第1条　大日本帝国は万世一系の天皇之を統治す
第3条　天皇は神聖にして侵すべからず
第4条　天皇は国の元首にして統治権を総攬し、此の憲法の条規に依り之を行ふ
第8条　天皇は公共の安全を保持し又は其の災厄を避くる為、緊急の必要に由り帝国議会閉会の場合に於て法律に代るべき勅令を発す
第11条　天皇は陸海軍を統帥す
第20条　日本臣民は法律の定むる所に従ひ兵役の義務を有す
第29条　日本臣民は法律の範囲内に於て言論著作印行集会及結社の自由を有す

解説 欽定憲法の形をとり、天皇が元首かつ主権者とされた。国民は「**臣民**」と表現され、**権利は個々の法律によってその内容を制約できる**ようになっている。

Speed Check! 明治維新と富国強兵、立憲国家の成立

年	日本国内の動き	対外関係
1868	〔[a] 〕、五榜の掲示	
1869	〔[b] 〕	
1871	新貨条例、〔[c] 〕	岩倉使節団出発　〔[d] 〕条規締結
1872	〔[e] 〕公布、徴兵告諭	琉球藩設置
1873	〔[f] 〕令、〔[g] 〕条例	征韓論争→明治六年の政変
1874	〔[h] 〕提出	〔[i] 〕
		1875　〔[j] 〕条約、〔[k] 〕事件
1876	廃刀令、秩禄処分	〔[l] 〕条規締結、小笠原諸島領有
1877	西南戦争	1879　琉球藩廃止→〔[m] 〕設置
1880	〔[n] 〕	
1881	明治十四年の政変　国会開設の勅諭	
1885	内閣制度創設	
1889	〔[o] 〕発布	

1 明治政府の諸改革

①1868年1月、新政府を主導する薩摩藩勢力を排除するために大坂から京都に向かう旧幕府軍と薩摩・長州の藩兵が鳥羽・伏見で交戦し、〔[1] 〕が始まった。

②1868年3月、明治天皇が天地の神々に誓う形で、〔[2] 〕を示した。一方で新政府は、民衆向けに〔[3] 〕を掲げた。

③政府は諸藩に領地と領民を天皇に返還させる〔[4] 〕を命じ、旧大名を**知藩事**に任命して引き続き藩政にあたらせた。1871年には、政府は御親兵を組織し、〔[5] 〕を断行し、中央政府から**府知事・県令**が派遣された。

④1872年には、旧藩主や公家などを〔[6] 〕、武士を〔[7] 〕、そのほかを〔[8] 〕として、新たな族籍にもとづく統一的な戸籍がつくられた。「士農工商」の言葉で象徴される江戸時代の身分秩序が廃止されたことから**「四民平等」**と呼ばれる。

⑤政府は財源の安定をはかるため、**地券**を発行して土地所有者を認め、豊凶に関係なく**地価の3％**を地券所有者が金納する〔[9] 〕条例を公布し、近代的税制を確立した。しかし、農民の負担は変わらず、各地で〔 [9] 〕**反対一揆**がおきた。

⑥明治政府は、1872年の〔[10] 〕で**「四民平等」**の原則により身分を問わず兵役を果たすべきことを示し、翌年に〔[11] 〕を公布した。

⑦政府は、**「富国強兵」**をめざして近代産業の育成に力を注ぐ、〔[12] 〕政策を推進した。

⑧生糸のモデル工場として群馬県に**官営模範工場**である〔[13] 〕を設け、〔[14] 〕を招き、その指導のもと近代産業を育成した。

⑨貨幣制度では、1871年に〔[15] 〕を制定し、十進法の〔[16] ・ ・ 〕を単位とする新硬貨が発行され、翌年には**国立銀行条例**によって兌換銀行券が発行された。通信面では71年に〔[17] 〕の建議で**郵便制度**が発足した。

⑩政府は**フランス**式の〔[18] 〕を公布し、各地に小学校を設けようとした。思想界では〔[19] 〕の**『学問のすゝめ』**や〔[20] 〕訳**『西国立志編』**など欧

米の人々の生き方を模範として紹介する書物が普及した。

❷ 日本のアジア外交と国境問題

☐ ①1871年、岩倉具視を特命全権大使とする〔[21] 〕が欧米諸国を訪問した。

☐ ②日本と清は、1871年に最初の対等条約となる〔[22] 〕を締結した。

☐ ③〔[23] 〕をとなえた西郷隆盛や板垣退助らは、欧米から帰国して内治優先を主張した大久保利通らと対立して下野した。これを**明治六年の政変**という。

☐ ④1875年におきた**江華島事件**をきっかけに、76年に〔[24] 〕を結んだ。

☐ ⑤蝦夷地は北海道と改称され、**開拓使**が設置された。1875年の〔[25] 〕の締結により、樺太全域がロシア領、千島列島は日本領となった。樺太や千島の**アイヌ**は国籍選択と移住を迫られた。76年には**小笠原諸島**の領有を宣言した。

☐ ⑥琉球王国は1872年に琉球藩とされた。琉球漂流民殺害事件を契機に74年に**台湾出兵**がおこなわれ、79年には琉球藩を廃止して**沖縄県**を設置した(〔[26] 〕)。

❸ 自由民権運動と大日本帝国憲法

☐ ①1876年、**秩禄処分**と**廃刀令**の発布で士族の特権は消滅し、これに反発した士族が**西郷隆盛**を首領としておこした〔[27] 〕が最後の士族の反乱となった。

☐ ②征韓論争に敗れ下野した**板垣退助**らは〔[28] 〕を提出して、有司専制を批判し、国会開設を要求した。

☐ ③1874年、板垣退助らは立志社をおこし、翌年には〔[29] 〕を結成した。これに対し、政府は**讒謗律**・**新聞紙条例**を制定して厳しく取り締まった。

☐ ④1880年に〔[30] 〕が結成され、国会開設の請願書を提出したが、政府はこれを認めず、**集会条例**を制定して運動を規制した。

☐ ⑤1881年、**開拓使官有物払下げ事件**で世論の政府批判が激しくなると、政府は**大隈重信**を罷免し(〔[31] 〕)、天皇の名で〔[32] 〕の勅諭を出した。

☐ ⑥国会開設の時期が決まると、**板垣退助**を総理とする〔[33] 〕や**大隈重信**を党首とする〔[34] 〕などの政党が結成された。

☐ ⑦**秩父事件**や加波山事件など民権運動は各地で運動が激しくなった。その後、**井上馨**外相の条約改正交渉への失敗を機に**大同団結運動**がおこり、〔[35] 〕を展開したが、政府は**保安条例**を制定して弾圧した。

☐ ⑧憲法調査のための渡欧から帰国した伊藤博文は、1884年に〔[36] 〕を定め、翌年には〔[37] 〕を創設して、初代の**内閣総理大臣**に就任した。

☐ ⑨ドイツ人顧問**ロエスレル**らの助言を得て、憲法の草案が伊藤を中心に起草され、新たに設けられた〔[38] 〕での審議を経て、1889年２月11日、天皇が定めて国民に与える**欽定憲法**として〔[39] 〕が発布された。

☐ ⑩〔 [39] 〕には、**緊急勅令**や宣戦・軍の統帥権など〔[40] 〕と呼ばれる天皇が議会の関与なしに行使できる強い権限が規定された。また、**貴族院**・**衆議院**の二院制からなる〔[41] 〕は天皇の協賛機関であった。

ステップ・アップ・テスト(文の正誤を○×で判定しよう)

☐ ①徴兵告諭にもとづき発布された徴兵令は、国民皆兵を原則とした。(18年本日 B)

☐ ②日清修好条規は、日本に一方的に有利な条約であった。(19年追日 B)

Summary 帝国主義と世界分割

Point
❶第２次産業革命と帝国主義、帝国主義時代の列強各国の展開
❷ヨーロッパ諸国によるアフリカの植民地化と太平洋分割
❸ヨーロッパ諸国の二極分化と世界政策の激突

1 第２次産業革命と帝国主義

第２次産業革命	動力源：石油と電力→重化学工業・電機工業などの発展 ➡巨大企業による市場支配の進行：企業の銀行への依存が強まる 工場労働者の増加→労働者政党の結成、**第２インターナショナル**
帝国主義	資本主義の発展→**資源供給地・輸出市場**として植民地が重視される ➡欧米諸国：アジア・アフリカなどで植民地獲得競争を展開

2 列強各国の内政と帝国主義

①イギリス：合衆国・ドイツに鉄鋼生産量で抜かれるも国際政治の主導的地位を保持

植民地帝国の形成	非白人系植民地は直接支配、白人植民地は**自治領**として間接支配 …カナダ(1867)・オーストラリア(1901)・ニュージーランド(1907)
労働党の成立	労働組合などにより**労働党**成立(1906)：マルクス主義をとらず
アイルランド問題	アイルランド…イギリスに対して自治や独立を求める ➡**アイルランド自治法**成立(1914)：第一次世界大戦を理由に実施を延期

②フランス：**第三共和政**のもと政情は不安定

ドレフュス事件	ユダヤ人軍人へのスパイ容疑事件➡ドレフュスは無罪 …国内は反共和的な保守派と共和派に二分➡共和派の優位
社会党の成立	労働者政党としての**社会党**の成立→議席数をのばす

③ドイツ：**ヴィルヘルム２世**…社会主義者鎮圧法の延長に反対→**ビスマルク**辞職

「世界政策」	海軍の大拡張をはかる→イギリスとの対立
社会主義運動	**社会主義者鎮圧法**廃止➡**社会民主党**が勢力拡大：マルクス主義を主張 ❖ベルンシュタイン：**「修正主義」**…社会主義革命を否定

④ロシア：**フランス資本**の導入➡19世紀末に産業革命の進展：**シベリア鉄道**の建設

日露戦争	義和団戦争で中国東北部(満洲)占領→日本と対立➡**日露戦争**へ
1905年革命 (第１次ロシア革命)	**日露戦争**の戦況不利➡**血の日曜日事件**(1905) ➡皇帝**ニコライ２世**が憲法制定と国会開設を約束
革命政党の誕生	**ロシア社会民主労働党**(1903)：マルクス主義を掲げる ➡**ボリシェヴィキ**と**メンシェヴィキ**に分裂

⑤アメリカ合衆国：西部の「開拓」の進展→海外市場をめざす

アメリカ＝スペイン戦争	合衆国の勝利➡フィリピン・グアム・プエルトリコを獲得 **キューバ**を保護国化、戦争中に**ハワイ**を併合
対中国政策	経済的進出をめざす→**門戸開放**・機会均等・領土保全を提唱
カリブ海政策	**セオドア＝ローズヴェルト**大統領…カリブ海諸国へ**「棍棒外交」** **パナマ**をコロンビアから強権的に独立させる➡**パナマ運河**建設

3 世界分割と列強の対立

①アフリカの植民地化：リヴィングストンらの探検→中央アフリカへの関心

ベルリン＝コンゴ会議	ビスマルクが開催(1884～85)：アフリカにおける**実効支配の原則**を決定 **コンゴ**：ベルギーの実質的な植民地となる➡各国がアフリカ分割に殺到
イギリス	エジプト：**ウラービー運動**の制圧→スーダンの占領 アフリカ南部：**ローズ**の指導で金・ダイヤモンドを求めて**ケープ植民地**から周辺に侵攻➡**南アフリカ戦争**で**ブール人**と戦い、その領土を併合 ❖**3C政策**：**ケープタウン・カイロ・カルカッタ**を結ぶイギリスの政策
フランス	**チュニジア**保護国化(1881)→ジブチ・マダガスカルと連結：**横断政策** ➡イギリスの**縦断政策**と対立：**ファショダ事件**(1898)→フランスの譲歩 ➡**英仏協商**の成立(1904)：英のエジプト、仏のモロッコでの支配を承認
イタリア	**エチオピア**への侵入：**アドワの戦い**で敗北(1896) イタリア＝トルコ戦争(1911～12)➡オスマン帝国から**リビア**獲得
❖アフリカに残された独立国：**エチオピア**帝国と**リベリア**共和国のみ	

②太平洋地域の分割：18世紀にイギリス、19世紀にフランス・ドイツ・アメリカが参入

イギリス	**オーストラリア**：先住民**アボリジニ**を圧迫➡19世紀半 金鉱の発見 **ニュージーランド**：先住民**マオリ**の抵抗を武力でおさえる
アメリカ	**アメリカ＝スペイン戦争**➡**フィリピン・グアム**を獲得、**ハワイ**併合(1898)

③ラテンアメリカ：19世紀末コーヒー豆や食肉など欧米の農産物・畜産物供給地となる

メキシコ	**メキシコ革命**：独裁政権の打倒(1911)➡自由主義者と農民指導者の争い ➡自由主義者の政権：憲法制定、大土地所有の分割、地下資源の国家帰属

④列強の二極分化

ドイツ	ロシアとの**再保障条約更新**を拒否➡ロシアとフランスの接近：**露仏同盟** **3B政策**：**ベルリン・イスタンブル**(ビザンティウム)・**バグダード**を鉄道で結ぶ…イギリスの**3C政策**に対抗し、西アジア進出をめざす
イギリス	**日英同盟**(1902)：ロシアの極東進出に対抗、**「光栄ある孤立」**を放棄➡ **英仏協商**(1904)：ドイツの挑戦に備える➡**英露協商**(1907)：イランにおける両国の勢力圏設定…英仏露の間に**三国協商**が成立：三国同盟に対抗

4 資料

「国民の責務」(1901年、セオドア＝ローズヴェルトの演説)

みなさんの多くは、「**穏やかに話し、棍棒を持てば、言い分は通るだろう**」という古い諺を知っているでしょう。つまり、**穏やかに話したとしても、その裏に強さや力がなければ、何の役にも立ちません。**……我々は正義を貫こうとしていることを明白にしましょう。そして、その代わり、我々は不正を容認しないということも。さらに言えば、我々は行動で裏打ちできない言葉を使わないということ、我々の言葉は常に穏やかですが、それを良いものにする用意と意志があることを明らかにしようではありませんか。このような態度が我々が誇りとする平和を間違いなく保証し、これを達成することこそが、自治をおこなう国民の最大の目標であり、またそうでなければなりません。これこそが、**モンロー主義で我々が取るべき態度なのです。**

解説 この資料は、当時アメリカ合衆国副大統領であった**セオドア＝ローズヴェルト**が大統領に就任する直前におこなった演説で、彼が用いた諺が、**「棍棒外交」**と呼ばれるカリブ海諸国に対する強権的外交政策の呼び名となった。この演説で、ローズヴェルトは**モンロー主義**の立場から、**合衆国にはアメリカ大陸を含む西半球の平和維持の責任があり、そのためには武力での威嚇を背景に、穏やかに外交交渉を重ねることが重要である**と述べ、合衆国が進める外交政策を正当化した。

Speed Check! 帝国主義と世界分割

☐

	欧米諸国の動き	アフリカをめぐる動き
1880		[a 　　　　]保護国化(仏)(1881) ウラービー運動を制圧(英)(1882)
	ヴィルヘルム2世即位(独)(1888):「世界政策」	[b 　　　　]会議(1884~85)
1890	[c 　　　　]廃止(独)(1890) →社会民主党が党勢を拡大 [d 　　　　]の成立(1891~94) [e 　　　　]事件(仏)(1894~99)	[f 　　　　]の戦い(1896) …エチオピア勝利がイタリアに勝利
	[g 　　　　]戦争(1898)	[h 　　　　]事件(1898)
1900	→合衆国が太平洋・カリブ海に領土拡大 [j 　　　　](1902) …イギリスが「光栄ある孤立」を放棄 [k 　　　　]戦争(1904~05) [m 　　　　]事件(露)(1905) →[n 　　　　]へと拡大 [o 　　　　](1907)→三国協商完成	[i 　　　　]戦争(1899~1902) [l 　　　　]の成立(1904) …エジプト・モロッコの権益を相互に承認

❶ 第2次産業革命と帝国主義

☐ ①19世紀後半、重工業を中心に[1 　　　　]が進展し、巨大企業による市場の支配が進んだ。また工場労働者の増大にともない、各国で労働者政党が結成され、1889年には国際組織である[2 　　　　]も発足した。

☐ ②資本主義の発展にともない、**資源供給地**や**輸出市場**として植民地が重視され、欧米諸国は各地に植民地・勢力圏をうちたてた。この動きを[3 　　　　]と呼ぶ。

❷ 列強各国の内政と帝国主義

☐ ①イギリスはカナダ・オーストラリアなどの白人植民地を[4 　　　　]として再編した。国内では1906年に労働組合などによって[5 　　　　]が成立した。

☐ ②イギリスからの独立を求めるアイルランドについては、1914年に[6 　　　　]が成立したが、第一次世界大戦の勃発を理由に実施が延期となった。

☐ ③**第三共和政**下のフランスでは、ユダヤ系軍人の冤罪事件である[7 　　　　]がおこるなど政局は不安定であったが、しだいに共和派が優位を占めるようになった。また労働者政党として[8 　　　　]が成立し、議席数をのばしていった。

☐ ④**ビスマルク**は皇帝[9 　　　　]と対立し、1890年に辞職した。その後のドイツは「[10 　　　　]」を掲げて海軍の拡張をはかった。また**社会主義者鎮圧法**が廃止されると、[11 　　　　]が勢力を伸ばした。なかでもベルンシュタインは、社会主義革命を否定する「[12 　　　　]」をとなえた。

☐ ⑤ロシアでは、**フランス資本**の導入を背景に産業革命が進展し、19世紀末に[13 　　　　]を建設した。その後、ロシアが義和団戦争に際して満洲を占領したことで日本との対立が深まり、1904年には[14 　　　　]が勃発した。

☐ ⑥[14]中の国民の不満の高まりを背景におこった**血の日曜日事件**は、[15 　　　　]に発展した。皇帝[16 　　　　]は、憲法の制定と国会の開設を約束して革命をおさめた。また国内では1903年に〔[17] 〕が結成されたが、この政党は**ボリシェヴィキ**と**メンシェヴィキ**に分裂した。

☐ ⑦アメリカ合衆国は、1898年に〔[18] 〕をおこし、スペインからフィリピン・グアム・プエルトリコを獲得して**キューバ**を保護国とし、戦争中には**ハワイ**を併合した。また中国への経済的進出をはかり、**門戸開放**・機会均等・領土保全の三原則を提唱した。

☐ ⑧〔[19] 〕大統領はカリブ海諸国に「〔[20] 〕」を展開し、**パナマ**をコロンビアから強権的に独立させて〔[21] 〕を建設し、太平洋と大西洋を結んだ。

3 世界分割と列強の対立

☐ ①1884年から開かれた〔[22] 〕でアフリカを植民地化する際の**実効支配の原則**が決定し、〔[23] 〕はベルギーの植民地となった。

☐ ②イギリスは〔[24] 〕を制圧してエジプトを事実上の保護国とし、スーダンも占領した。また〔[25] 〕の指導で**ケープ植民地**から周辺に侵攻し、**ブール人**と〔[26] 〕を戦い、領土を広げた。

☐ ③イギリスは**ケープタウン・カイロ・カルカッタ**を結ぶ〔[27] 〕を進めた。

☐ ④1881年〔[28] 〕を保護国化したフランスは、ジブチなどと結ぶ**横断政策**を進めたが、これはイギリスの**縦断政策**と対立し、98年に〔[29] 〕がおこった。この解決後、両国間には〔[30] 〕が成立した。

☐ ⑤イタリアは〔[31] 〕侵入を試みたが、1896年の**アドワの戦い**で敗れた。その後イタリア＝トルコ戦争に勝利して、イタリアは北アフリカの〔[32] 〕を領有した。こうして20世紀初めにアフリカ全土は、〔 31 〕帝国と〔[33] 〕共和国を除いて、列強により分割された。

☐ ⑥18世紀より太平洋地域の分割に加わったイギリスは、**オーストラリア**では先住民の〔[34] 〕を圧迫しながら支配を広げ、**ニュージーランド**では先住民〔[35] 〕の抵抗を武力でおさえた。また19世紀末にアメリカ合衆国は、〔 18 〕の結果、**フィリピン・グアム**を獲得し、戦争中に**ハワイ**を併合した。

☐ ⑦メキシコでは1910年に〔[36] 〕がおこり、翌年独裁政権が倒された。

☐ ⑧ドイツは**ベルリン・イスタンブル**(ビザンティウム)・**バグダード**を鉄道で結ぶ〔[37] 〕を推進し、イギリスの〔 27 〕に対抗した。またドイツが〔[38] 〕を拒否したことをきっかけにロシアとフランスは接近し、〔[39] 〕が成立した。

☐ ⑨ロシアの極東進出に対抗し、イギリスは1902年に〔[40] 〕を結んで「**光栄ある孤立**」を放棄した。こののち04年には〔 30 〕、07年には〔[41] 〕が成立し、これに〔 39 〕をあわせた**三国協商**が完成した。

ステップ・アップ・テスト(文の正誤を○×で判定しよう)

☐ ①ドレフュス事件は、ムスリムの軍人に対する冤罪事件である。(20年追世A)

☐ ②フランスとドイツが衝突したファショダ事件が起こった。(19年追世A)

Summary 東アジアをめぐる国際関係と日清戦争、日本の産業革命

Point
❶東アジアをめぐる列強の動向と朝鮮をめぐる清と日本の攻防
❷日清戦争と戦争後の東アジアの国際関係の変化
❸日本における産業革命と明治時代の社会問題

1 朝鮮と清

東アジアをめぐる列強の動向	日本	欧米諸国やロシアの勢力が東アジアにおよぶことを強く恐れ、とりわけ朝鮮半島を影響下におくことをめざす
	清	朝鮮に対し宗主権を主張し、清の属邦と位置づける →1871：日清修好条規…両国はそれぞれの領土を侵略しない
	朝鮮	親清派と親日派の対立(1875:**江華島事件**　1876:**日朝修好条規**)
	欧米諸国	**シベリア鉄道**の建設計画を進め、東アジアにおける**不凍港**獲得をめざす(露)
壬午軍乱 (壬午事変) (1882)		【背景】国王**高宗**の父**大院君**(親清派)⇔高宗の外戚**閔氏**一族(親日派) 【経過】**大院君**側が日本公使館を襲撃→閔氏一族が親清派に 【結果】日本は賠償金や公使館守備兵の駐留権を獲得
甲申事変 (甲申政変) (1884)		【背景】**金玉均**ら改革派の**独立党**(急進開化派)⇔閔氏一族の事大党(親清派) 【経過】清仏戦争で清国が劣勢→好機とみた**独立党**が日本公使館の援助を受けてクーデタ決行→清国軍が鎮圧→**金玉均**らは日本に亡命 【結果】翌年、日清間で**天津条約**を結んで、朝鮮からの両軍の撤退と将来の出兵時には互いに事前通知し合うことを決めた
日清戦争にいたる日本国内の動向		・**福沢諭吉**の「**脱亜論**」…朝鮮の親日改革派を援助⇒甲申事変の失敗⇒『時事新報』でアジアを脱して欧米列強側に立ち、アジア分割をすべしと主張 ・**山県有朋**の**主権線**・**利益線**の演説→軍備拡張予算の必要を主張

2 日清戦争

契機	朝鮮政府の暴政反対、外国の侵略阻止をとなえた**甲午農民戦争**(東学の乱)がおこる→清国軍が救援出兵→日本軍も天津条約を口実に出兵→日本は朝鮮の内政改革をめぐって朝鮮王宮を襲撃し、親日政権を樹立→清軍へ攻撃
列強の動向	**日英通商航海条約**調印(1894)：**イギリス**が日本に接近し、開戦を決意 **領事裁判権**の撤廃が実現(外相：**陸奥宗光**)
経過	黄海海戦で清の艦隊を破り、**遼東半島**や**威海衛**を占領
講和	**下関条約**(1895)　日本全権：**伊藤博文**・**陸奥宗光**⇔清国全権：**李鴻章** ⓐ**朝鮮の独立**承認→清は宗主権を放棄 ⓑ日本へ**遼東半島**・**台湾**・**澎湖諸島**を割譲 ⓒ日本に**賠償金2億両**(テール)(日本円で約3億1000万円)の支払い ⓓ長江沿岸の沙市・**重慶**・蘇州・杭州の4港を開市・開港
結果	ⓐ**三国干渉**(**露**・**仏**・**独**)：日本は清に**遼東半島**を返還→「**臥薪嘗胆**」(がしんしょうたん)：対ロシア戦争に備え、軍備拡大 ⓑ台湾住民の激しい抵抗→武力でおさえて**台湾総督府**をおく

	ⓒ三浦梧楼公使による閔妃殺害事件→親露の**大韓帝国**が成立(1897)

③ 日本の産業革命

紡績業	綿糸紡績業…**大阪紡績会社**の開業(1883) **綿糸生産量>綿糸輸入量(1890)→綿糸輸出量>綿糸輸入量(1897)** **綿織物輸出額が輸入額を超える**〈満洲・朝鮮へ輸出〉(**1909**) 綿織物業…手織機の改良が進み、**豊田佐吉**の考案した国産の**力織機**が広まる
製糸業	生糸…欧米向け輸出産業(**座繰製糸<器械製糸　1894**) **中国を抜いて生糸輸出量世界第1位**〈対**アメリカ**中心〉(**1909**)
重工業	**官営製鉄所**(八幡製鉄所)(1901):ドイツの技術を導入、中国大冶(たいや)鉄山の鉄鉱石・筑豊炭田の石炭
鉄道	**日本鉄道会社**の設立〈民営〉(1881)、**東海道線**の開通〈新橋・神戸間〉(1889)
その他	軍備拡張の推進、日清戦争の**賠償金**(**2億両**)→**金本位制**の確立(1897) **政商**から成長した**財閥**が官営事業の払い下げなどを通じて成長 ❖長崎造船所・佐渡鉱山→**三菱**　❖富岡製糸場・三池炭鉱→**三井**

④ 明治時代の社会問題

都市と農村の社会問題	労働者と産業資本家の貧富の差の拡大 東京、大阪、神戸など太平洋側の大都市への移住者の増加 →劣悪な労働・生活環境、結核などの伝染病、都市部におけるスラムの形成 **労働組合期成会**の結成:高野房太郎(たかのふさたろう)(1897) **寄生地主制**の発展:自作農の没落→寄生地主の小作料収入→企業へ投資 →農業生産の停滞や農村の困窮→内務省を中心に地方改良運動の推進
社会主義運動	**社会民主党**、**治安警察法**で解散(1901) **大逆事件**(1910):社会主義者12人が死刑に(**幸徳秋水**や管野スガなど) →以降、社会主義「冬の時代」

⑤ 資料

1913年の日本の貿易

(100%をこえる分は移出・移入〈対植民地〉。大蔵省編『大日本外国貿易年表』、台湾総督府『台湾外国間及内地間貿易年表』より作成)

解説 アジアは、**原料である綿花の輸入先**、**工業製品である綿糸・綿織物の輸出先**となり、欧米は**鉄・機械類といった軍需品・重工業資材の輸入先**、**工業製品である生糸・絹織物の輸出先**となり、租借地や植民地では**おもに食料品を中心に輸出入をおこなう**など日本経済に占める割合も大きかった。

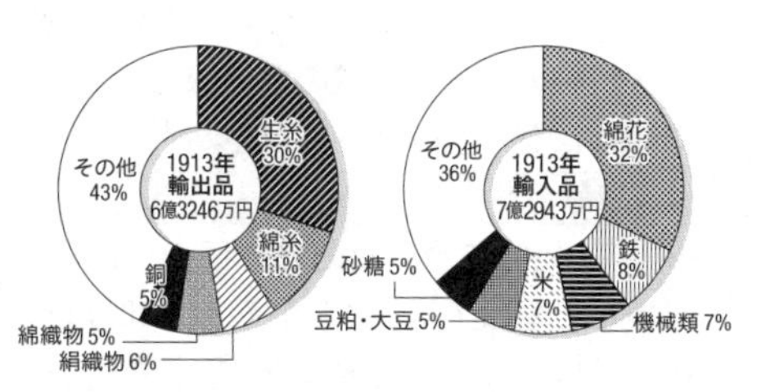

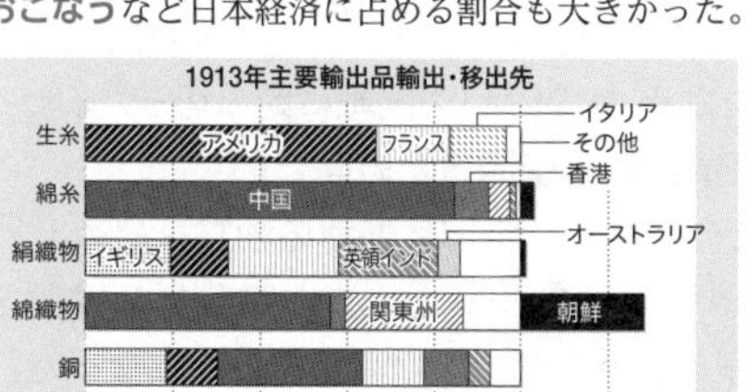

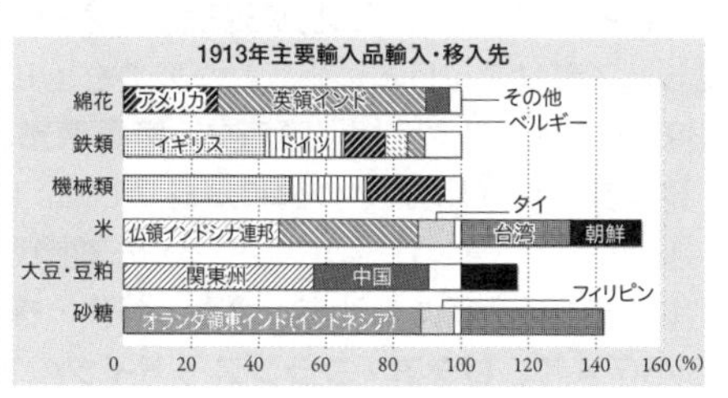

Speed Check! 東アジアをめぐる国際関係と日清戦争、日本の産業革命

清	朝鮮	日本	欧米諸国
1871 日清修好条規		1873　征韓論争 1875　樺太・千島交換条約	
	1875　〔a　　　　〕事件 1876　〔b　　　　〕条規		
1884　清仏戦争 1885　天津条約	1882　〔c　　　　〕 1884　〔d　　　　〕 1894　〔e　　　　〕 →日本・清の出兵へ 1895　閔妃殺害事件 1897　国号を〔h　　　　〕と改称	1879　琉球に沖縄県設置 1889　大日本帝国憲法発布 1894　日英通商航海条約（〔f　　　　〕撤廃） 1895　〔g　　　　〕…ロシア、フランス、ドイツによる遼東半島返還要求	列強の中国進出

❶ 朝鮮と清

①ロシアは〔1　　　　〕の計画を進めるなど**不凍港**の獲得をめざして東アジアへの進出を強めた。

②朝鮮を影響下におきたい日本は、1875年の〔2　　　　〕をきっかけに〔3　　　　〕を結んだ。その後、親日策をとる**高宗**に対して、親清派兵士が高宗の父である〔4　　　　〕の支持を受けてクーデタを決行し、〔5　　　　〕となった。鎮圧後、朝鮮では親清派が優勢となった。

③〔6　　　　〕ら改革派の**独立党**（急進開化派）が清仏戦争で清国の劣勢を好機として、日本公使と手を結んでクーデタをおこしたが、清軍の介入で失敗した。この〔7　　　　〕の翌年に朝鮮から日清両軍が撤兵し、〔8　　　　〕が結ばれた。

④**福沢諭吉**は『時事新報』に「〔9　　　　〕」を発表し、アジアを見捨てて欧米列強側に立つべきと主張した。

⑤〔10　　　　〕は第一回帝国議会衆議院の演説で、国家が独立を維持するためには、国境線の内側の地域の**主権線**だけでなく、朝鮮半島を指す〔11　　　　〕も維持しなければならないと主張した。

❷ 日清戦争

①1894年、朝鮮で暴政反対と外国の侵略阻止をとなえる〔12　　　　〕がおこり、清と日本は出兵した。しかし、朝鮮政府と農民の和解後、内政改革をめぐって日清間の緊張は高まり、日本は清に宣戦布告をして〔13　　　　〕が始まった。

②日本は**イギリス**との間に**日英通商航海条約**を締結して〔14　　　　〕の撤廃を実現し、**イギリス**が日本に好意的な姿勢を示したことから〔 13 〕の開戦に踏み切った。

③1895年4月、日本全権**伊藤博文**・**陸奥宗光**と清国全権**李鴻章**との間で〔15　　　　〕が結ばれ、日清戦争の講和が成立した。この条約で、清国は**朝鮮の独立**を認め、〔16　　　　〕・〔17　　　　〕・**澎湖諸島**を日本に割譲した。また**賠償金2億両**を日本に支払い、新たに沙市・**重慶**・蘇州・杭州の4港を開市・開港することになった。

④1895年4月、**ロシア・フランス・ドイツ**の3国が〔 16 〕の割譲に異議をとなえ、清への

返還を要求する[18]をおこなった。こうして[16]を返還した日本は、**「臥薪嘗胆」**の標語でロシアへの敵意をあおる一方、抵抗の激しかった台湾の統治に力を注ぎ、1895年、[19]を設置した。

☐ ⑤[18]による日本の威信低下に乗じて、ロシアが朝鮮に勢力を伸ばし、親露派政権がつくられた。日本公使の三浦梧楼を中心に閔妃政権を打倒して親日派政権を樹立させた。しかし、政変がおこるなどして1897年に親露の[20]が成立した。

3 日本の産業革命

☐ ①1883年に渋沢栄一らが華族・政商などの出資を得て[21]を開業した。この会社はイギリス製の紡績機械を採用し、成功をおさめた。

☐ ②綿糸の機械制生産が急増し、**1890**年には、[22]量が[23]量を上まわり、さらに日清戦争頃から大陸への輸出を急増させ、**1897**年には[24]量が[25]量を上まわった。

☐ ③綿織物業では、手織機の改良が進み、[26]の国産の**力織機**が広まった。

☐ ④生糸製糸業は欧米向け輸出産業が発達し、**1894**年には[27]による生産量が[28]の生産量を上まわり、**1909**年には**中国**を追い抜き輸出規模は世界最大になった(対**アメリカ**中心)。

☐ ⑤[13]後の軍備拡張・製鉄業振興政策による官営製鉄所として1901年に操業した[29]は中国の大冶鉄山と筑豊炭田の石炭を使用した。

☐ ⑥[30]は華族の出資で1881年に設立した日本で最初の私鉄会社であった。89年には官営の[31]が新橋－神戸間で開通した。

☐ ⑦1897年、日清戦争の[32]によって得た金を準備金として、欧米諸国にならった[33]を確立し、貨幣価値の安定と貿易の発展をはかった。

☐ ⑧造船や鉱山では、**政商**と呼ばれた政府関係者とつながりがある**三菱**や**三井**といった有力な事業者が官営事業の払い下げを受け、いずれも[34]に成長していった。

4 明治時代の社会問題

☐ ①労働者と産業資本家の**貧富の差**が広がるなか1897年に高野房太郎らが[35]を結成し、労働運動の指導に乗り出した。

☐ ②小作料収入に依存する[36]が発展する一方で、小作農は困窮した。日露戦争後、増税や若者の動員などによる農村の疲弊を問題視した内務省は[37]を提唱し、農村の立て直しをはかった。

☐ ③1901年、初の社会主義政党として[38]が結成されたが、**治安警察法**により解散となった。10年には社会主義者数百人が、明治天皇の暗殺をくわだてたとして検挙され、**幸徳秋水**など12人が死刑となった([39])。

ステップ・アップ・テスト(文の正誤を○×で判定しよう)

☐ ①明治末期、富岡製糸場の製品は外貨獲得のための重要な輸出品であった。(21年本日B〈第2日程〉)

☐ ②小作人のなかには、子どもたちを工場などへ働きに出す者がいた。(21年本日B)

Summary 日露戦争とその影響

Point
❶列強の中国進出と戊戌の政変、義和団戦争
❷日露戦争と戦争後の東アジアの国際関係の変化、辛亥革命
❸インド・東南アジアの民族運動・西アジアの立憲革命

1 戊戌の政変と義和団戦争

日清戦争の敗北➡列強は清の領土内で鉄道敷設・鉱山採掘など権益獲得競争を展開				
租借地	ドイツ	山東半島の膠州湾	ロシア	遼東半島の**旅順**・**大連**
	イギリス	威海衛・**九竜半島**	フランス	広州湾
❖租借地：条約にもとづいてある国が他国に一定期間貸与した地域				
門戸開放宣言：中国進出に遅れたアメリカが自国の通商活動の余地がなくなることを恐れ、門戸開放と機会均等を掲げ、領土保全を提唱➡中国分割はゆるむ				
戊戌の変法	日本の明治維新にならって立憲君主制の樹立をめざした抜本的改革(変法) 変法派の**康有為**…**光緒帝**に政治の革新を断行させる：**戊戌の変法** ➡**西太后**を中心とした保守派のクーデタで失敗：**戊戌の政変**(1898)			
義和団戦争	中国における列強の権益獲得の活発化➡民衆による排外運動の激化 ➡**義和団**：**「扶清滅洋」**をとなえて鉄道やキリスト教会を破壊➡清の排外保守派は運動を利用して列強に宣戦➡**8カ国連合軍**が北京占領 **北京議定書**(1901)：清は巨額の賠償金と**外国軍隊**の北京駐屯を認める			

2 日露戦争とその結果

①日露戦争

背景	ⓐ日本公使による閔妃殺害→**高宗**は国号を**大韓帝国**(**韓国**)と改める(1897) ⓑ義和団戦争後、ロシアは**満洲**を占領➡日本の韓国権益の危機 ⓒイギリスはロシアの南下を警戒し、日本はイギリスと**日英同盟**を締結(1902) →中国と韓国における相互の利権を認めあう
国内世論	主戦論：七博士意見書 ⬄非戦論：社会主義者の**幸徳秋水**・キリスト教徒の**内村鑑三**など
開戦と経過	旅順港の攻撃→旅順攻略戦→**奉天会戦**→**日本海海戦**(**バルチック艦隊**壊滅) 日本：兵員不足・戦費不足(アメリカやイギリスの**外債**や増税に依存) ロシア：**第1次ロシア革命**勃発　➡戦争の長期化による継続困難
講和	ポーツマス講和会議(米大統領**セオドア＝ローズヴェルト**の調停) →**ポーツマス条約**(1905)　日本全権：**小村寿太郎**⬄ロシア全権：**ウィッテ** ⓐ日本の韓国に対する指導・監督権の承認 ⓑ**旅順・大連租借権、長春以南の鉄道利権**を日本へ譲渡 ⓒ**北緯50度以南の樺太**(サハリン)を日本へ割譲 ⓓ**沿海州・カムチャツカ半島沿岸の漁業権**を日本へ譲渡
結果	賠償金得られず→講和反対の暴動(**日比谷焼打ち事件**) イラン、オスマン帝国やベトナムなどにおいて東洋の立憲国家による西洋帝国主義への勝利ととらえられる➡地域の民族運動の進展に大きな影響

②日露戦争の結果

朝鮮	1904	**第１次日韓協約**(財政・外交顧問を推薦)
	1905	**第２次日韓協約**(外交権奪う)→**統監府**設置
	1907	**ハーグ密使事件**　**第３次日韓協約**(内政権奪う)→**義兵運動**が活発化
	1910	**韓国併合条約**→**朝鮮総督府**設置…憲兵らによる武断政治
列強		アメリカ：**桂・タフト協定**(米のフィリピン支配、日本の韓国保護を相互に了解) イギリス：日英同盟改定　ロシア：４次にわたる**日露協約**
南満洲		半官半民の**南満洲鉄道株式会社**の設置(1906)
中国	**光緒新政**	**科挙の廃止**、憲法大綱の発表・国会開設の公約
	革命運動	**孫文**：日本の東京で**中国同盟会**を組織、**三民主義**(「民族・民権・民生」)を掲げて革命宣伝や武装蜂起をおこなう
	辛亥革命 清の滅亡	清が幹線鉄道国有化➡四川暴動➡武昌蜂起➡**辛亥革命**(1911)の開始 ➡南京で**中華民国**の成立(1912)：臨時大統領…**孫文** **袁世凱**が**宣統帝**(**溥儀**)の退位と共和政維持を条件に臨時大総統就任 ➡帝政復活に失敗し死去➡各地に列強の支援を受けた軍事集団の乱立

③ アジア諸民族の独立運動

インド	**インド国民会議**(1885)：エリート層の意見諮問機関➡民族運動の中心に ↔イギリス：**ベンガル分割令**(1905)…**ベンガル州**をヒンドゥー・イスラーム両教徒の居住区に分割…両者を対立させて民族運動の分断をはかる ➡**国民会議派**：**英貨排斥**・**スワデーシ**(国産品愛用)・**スワラージ**(自治獲得)・**民族教育**を掲げ抵抗 ↔**全インド＝ムスリム連盟**(1906)：イスラーム教徒の親英的な結社
オランダ領 インドネシア	**イスラーム同盟**(サレカット＝イスラム)成立(1912)：相互扶助的団体から出発して民族運動を主導→オランダが弾圧
フランス領 ベトナム	**ファン＝ボイ＝チャウ**らが独立と立憲君主制の樹立をめざす組織を結成 ➡日露戦争後、日本に留学生を派遣する**ドンズー(東遊)運動**を開始(1905) →フランスからの要請で日本は留学生を追放
オスマン帝国	**アブデュルハミト２世**…**オスマン帝国憲法**を停止して専制を復活(1878) ➡**青年トルコ革命**(1908)→憲法を復活させて政権を掌握、立憲制を実現
イラン	**イラン立憲革命**(1905～11)：**国民議会**開設、憲法発布が実現

④ 資料

韓国併合(国立国会図書館蔵)

解説 西洋の身なりをしたのが日本、それに寄り添う女性が朝鮮を表しており、「日本と韓国とは内縁の夫婦ゆえ、合邦は一片の結婚届さえすればそれで事が足りるのだ」と書かれている。度重なる協約が結ばれるなか、1910年の日韓併合条約によって、総督府の支配が事実上の植民地支配となったことを示している。
韓国保護国化はイギリスやアメリカなどの欧米諸国の承認を背景としていた。

Speed Check! 日露戦争とその影響

朝　鮮	日　本	欧米諸国	清
1895　閔妃殺害事件	1895　露・仏・独による〔a　　　　〕		中国分割
1897　国号を大韓帝国と改称	1900　清、列強8カ国に宣戦布告(〔b　　　　〕)		
	1902　〔c　　　　〕締結		
1904　日韓議定書　〔d　　　　〕協約	1904　〔e　　　　〕戦争		
1905　第2次日韓協約	1905　〔f　　　　〕条約		1905　中国同盟会結成
義兵運動の激化	1905　日比谷焼打ち事件		
1907　〔g　　　　〕			
1907　第3次日韓協約			
	1909　安重根、伊藤博文暗殺		
1910　〔h　　　　〕条約	:〔i　　　　〕設置		1911　〔j　　　　〕

1 戊戌の政変と義和団戦争

①列強は権益獲得競争を展開し、ロシアは、〔1　　　・　　　〕、イギリスは威海衛や〔2　　　　〕を**租借**した。アメリカ合衆国は、**門戸開放宣言**を発表した。

②日清戦争敗戦後の中国では、根本的な制度改革による改革が主張され、〔3　　　　〕を中心とする変法派は、**光緒帝**に政治の革新を断行させた(〔4　　　　〕)。しかし、**西太后**を中心とした保守派のクーデタで失敗した(〔5　　　　〕)。

③中国で民衆による排外運動が激化し、なかでも**義和団**は「〔6　　　　〕」をとなえて鉄道やキリスト教会を破壊した。清政府は運動を利用し、列強に宣戦布告したが、列強は**8カ国連合軍**を組織して北京を占領した(〔7　　　　〕)。敗れた清は、〔8　　　　〕で、巨額の賠償金と**外国軍隊**の北京駐屯を認めた。

2 日露戦争とその結果

①朝鮮は日清両国に対抗して国号を〔9　　　　〕と改め、国王**高宗**は皇帝に即位した。

②ロシアは〔 7 〕後、**満洲**に軍隊をとどめたため、日本との対立が深まった。1902年ロシアと対立していたイギリスと〔10　　　　〕が締結された。国内ではキリスト教徒の**内村鑑三**や社会主義者の**幸徳秋水**らは非戦論・反戦論をとなえたが、国内世論は開戦に傾いていった。

③1904年2月に〔11　　　　〕が始まると、日本は旅順攻略戦、**奉天会戦**に勝利し、〔12　　　　〕でロシアの**バルチック艦隊**に壊滅的な打撃を与えた。日本は兵員不足に加えて米英の**外債**や増税に依存するなど戦費が不足し、一方のロシアも〔13　　　　〕が勃発したため、両国はアメリカの仲介を受け入れた。

④アメリカ大統領**セオドア=ローズヴェルト**の調停で日本全権**小村寿太郎**とロシア全権〔14　　　　〕との間で調印された〔15　　　　〕では、日本の韓国に対する指導・監督権の承認、〔16　　　・　　　〕・〔17　　　　〕の日本への譲渡、**北緯50度以南の**〔18　　　　〕の日本への割譲、**沿海州・カムチャツカ半島沿岸の漁業権**の日本への譲渡を認めた。しかし、賠償金が得られなかったことなどから、講和反対の暴動(**日比谷焼打ち事件**)がおきた。

⑤日本は日露戦争中に〔19　　　　〕を結び、韓国に外交と財政顧問を送った。

⑥1905年に**第２次日韓協約**を結んで［[20]　　　　］を設置した日本は、第２回万国平和会議における［[21]　　　　］をきっかけに**第３次日韓協約**を結び、内政権を手に入れ、韓国の軍隊を解散させた。

⑦韓国民衆の**義兵運動**が活発になるなか、ハルビンで伊藤博文が暗殺された。1910年、日本は［[22]　　　　］により韓国を植民地とし、**朝鮮総督府**をおいて統治した。

⑧日本はイギリスとの日英同盟を改定し、アメリカとは**桂・タフト協定**を結び、日本の韓国保護を両国に承認させ、満洲では1906年に半官半民の［[23]　　　　］を設立して南満洲の権益を独占し、４次にわたる**日露協約**を結んだ。

⑨義和団戦争以後、清は**科挙の廃止**や立憲制の準備としての憲法大綱の発表など［[24]　　　　］と呼ばれる制度改革に踏み切った。

⑩広東省出身の［[25]　　　　］は東京で［[26]　　　　］を組織し、「民族・民権・民生」からなる**三民主義**を掲げて革命宣伝や武装蜂起をおこなった。

⑪1911年四川暴動に続き、武昌で軍隊が蜂起し、［[27]　　　　］が始まった。革命は全国に波及し、12年に**孫文**を臨時大統領とする［[28]　　　　］の成立が宣言された。

⑫軍隊を握る［[29]　　　　］は清朝最後の皇帝**宣統帝（溥儀）**を退位させて清を滅ぼした。その後、議会の力をおさえようとする袁世凱と対抗する孫文らが激しく対立した。

❸ アジア諸民族の独立運動

①イギリス統治下のインドでは、1885年にイギリスに協力的なインド人エリート層が［[30]　　　　］を結成して、民族運動の中心となった。1905年、イギリスは反英運動の中心地であった**ベンガル州**において、ヒンドゥー・イスラーム両教徒を対立させて民族運動をおさえようとする［[31]　　　　］を発表した。

②**国民会議派**は**英貨排斥**・［[32]　　　　］・［[33]　　　　］・**民族教育**の４綱領を掲げ抵抗した。

③イスラーム教徒は1906年に親英的な［[34]　　　　］を結成した。

④**オランダ**支配下のインドネシアでは、1912年に［[35]　　　　］が結成され、民族運動が盛んになっていったが、オランダに弾圧された。

⑤**フランス**支配下のベトナムでは、［[36]　　　　］を中心に独立と立憲君主制の樹立をめざし、日本に留学生を派遣する［[37]　　　　］が展開された。

⑥オスマン帝国では、1878年に［[38]　　　　］が**オスマン帝国憲法**を停止して専制を復活させたが憲法の復活と議会再開を求めたオスマン人たちが［[39]　　　　］をおこし、立憲制を実現させた。

⑦イランでは、専制とイギリスの利権獲得に反対して［[40]　　　　］がおこり、**国民議会**が開催されて憲法も公布されたが、列強の干渉で失敗におわった。

ステップ・アップ・テスト（文の正誤を○×で判定しよう）

①日露戦争遂行のための重い税負担に反発して、講和条約の早期締結を求める日比谷焼き打ち事件が発生した。（15年追日Ａ）

②日本は日露戦争後、韓国での権益を確保するために、ロシアと協調する外交路線ではなく、イギリスと同盟を結ぶ路線を選んだ。（20年本日Ａ）

Summary 第一次世界大戦とロシア革命

Point
❶バルカン問題と第一次世界大戦の勃発、総力戦と大戦の終結
❷二月革命から十月革命にいたるロシアと共産党一党支配の確立
❸ロシアにおける内戦と干渉戦争、日本のシベリア出兵

1 第一次世界大戦

バルカン問題 バルカン戦争	❖バルカン半島：協商国と同盟国の対立激化→**「ヨーロッパの火薬庫」** **青年トルコ革命**(1908)→オーストリア：**ボスニア・ヘルツェゴヴィナ**(住民はスラヴ系)併合➡**セルビア**(スラヴ系国家)の反発 **バルカン同盟**結成：セルビア・ブルガリア・モンテネグロ・ギリシア ➡**第1次バルカン戦争**：**オスマン帝国**に宣戦➡**第2次バルカン戦争**：領土配分をめぐるブルガリアと他のバルカン同盟国の戦争 …敗れた**ブルガリア**はドイツ・オーストリアに接近
大戦の勃発 **西部戦線** **東部戦線**	**サライェヴォ事件**：オーストリアの帝位継承者夫妻が暗殺される(1914) ➡オーストリアが**セルビア**に宣戦：第一次世界大戦開始 ドイツ軍：中立国**ベルギー**へ侵入→塹壕戦により戦線は膠着状態に …戦況打破のため、**飛行機**・**毒ガス**・**戦車**などの新兵器を投入 ドイツ軍：ロシア領ポーランド領内へ進撃→戦線は膠着
大戦の構図 **総力戦**	**同盟国**側：ドイツ・オーストリア・**オスマン帝国**・**ブルガリア** **協商国**(連合国)側：フランス・ロシア・イギリス・日本など ❖**イタリア**：当初は中立→1915年に**協商国**側で参戦 戦争の長期化➡一般社会(後方)も戦争遂行に動員、**女性**の社会進出 **挙国一致体制**：労働者政党も戦争支持→**第2インターナショナル**崩壊
日本の参戦 二十一カ条の要求	英が日本に軍事協力要請→第2次**大隈重信**内閣：参戦決定(1914.8) **ドイツ領南洋諸島**占領➡**山東省青島**(チンタオ)(ドイツの租借地)占領 日本：中華民国の**袁世凱**政権に**二十一カ条の要求**を突きつける …山東省のドイツ権益継承、中国政府への日本人顧問の雇用など →中国政府や中国世論の反発➡中国政府に要求の大部分を認めさせる
秘密外交	【目的】中立国を味方につけたり、植民地の協力を取りつけること イギリス：オスマン帝国を対象に**フセイン・マクマホン協定**(1915)、**サイクス・ピコ協定**(1916)、**バルフォア宣言**(1917)を発表 →互いが矛盾する内容を含みアラブ人とユダヤ人の対立の原因となる
合衆国の参戦 大戦の終結	ドイツ：**無制限潜水艦作戦**開始：指定航路外の船舶を無警告で攻撃 ➡**アメリカ合衆国**がドイツに宣戦(1917)→協商国が有利に アメリカ大統領**ウィルソン**：**「十四カ条」**で民主的講和を提唱(1918) ➡ブルガリア・オスマン帝国・オーストリアが次々と降伏 ドイツ：**キール軍港の水兵反乱**を契機に**ドイツ革命**が発生：**ヴィルヘルム2世**退位➡**ドイツ共和国**政府が降伏：大戦の終結(1918.11)

② ロシア革命

大戦の長期化➡人員・物資の動員強化➡食料不足・労働条件の悪化で反戦気分が拡大	
二月(三月)革命	首都**ペトログラード**で労働者・兵士の反乱(1917.3)➡**ニコライ2世**が退位して帝政崩壊➡**臨時政府**：自由主義者が樹立…戦争継続を主張 ⬌社会主義者：**ソヴィエト**(評議会)の結成…戦争終結をめざす **ボリシェヴィキ**の指導者**レーニン**帰国：戦争終結と臨時政府打倒を主張 ⬌臨時政府：社会主義者の**ケレンスキー**を首相として戦争を継続
十月(十一月)革命	**ボリシェヴィキ**の武装蜂起(1917.11)➡ソヴィエト政権の樹立 **「平和に関する布告」**：**無併合・無償金**・民族自決による即時講和 **「土地に関する布告」**：地主の土地没収と**土地の私的所有廃止**を採択
一党支配の確立	**憲法制定会議**の招集…選挙で農民が支持するエスエルが第一党に ➡レーニンは議会を閉鎖➡**ボリシェヴィキ**の一党独裁(1918年後半) **ブレスト＝リトフスク条約**(1918)：ドイツと単独講和して戦線離脱 ボリシェヴィキは**共産党**と改称→首都を**モスクワ**へ移す ❖**コミンテルン**の創設(1919)…**世界革命**の推進をめざす
内戦と干渉戦争	ロシア各地に反革命政権→革命の拡大をおそれる連合国が支援 ➡**内戦**と**干渉戦争**の開始：**シベリア出兵**(1918～22)など レーニン…**赤軍**の組織、**戦時共産主義**により農民から穀物を強制徴発、 →経済統制への抗議激化➡**新経済政策**(**ネップ**)で市場経済を部分的容認(1921)
ソ連邦の成立	シベリアから日本軍撤退➡**ソヴィエト社会主義共和国連邦**成立(1922)
日本のシベリア出兵	**シベリア出兵**：**チェコスロヴァキア軍団**救援を名目に各国が派兵 →大戦の休戦を契機に各国は撤退、日本のみが占領を継続 **尼港事件**(1920)：**ニコライエフスク**で日本人が革命派ゲリラにより殺害 ➡**ワシントン会議**で日本は撤退を明言→北樺太を除き撤退(1922) **日ソ基本条約**(1925)：石油・石炭の権益獲得を条件に北樺太から撤退

③ 資料

平和に関する布告(1917年)

10月24～25日の革命によってつくりだされ、労働者・兵士・農民代表ソヴィエトに立脚する労農政府は、……公正で民主的な講和についての交渉を即時に開始することを提議する。

……政府がこのような講和とみなしているのは、**無併合(すなわち、他国の土地を略奪することも他の諸国民を強制的に統合することもない)、無賠償の即時の講和**である。

政府は秘密外交を廃止し、……秘密条約の、完全な公開にただちに着手する。

(歴史学研究会編『世界史史料10』、一部改変)

十四カ条(1918年)

1、 平和の盟約が公開のうちに合意された後は、**外交はつねに正直に、公衆の見守る中で進められねばならず**、いかなる私的な国際的了解事項もあってはならない。

10、 われわれは、**オーストリア＝ハンガリーの人々が民族としての地位を保障されること**を望んでいる。……

14、 大国と小国とを問わず、政治的独立と領土的保全とを相互に保障することを目的とした明確な規約のもとに、**国家の一般的な連合が樹立されねばならない。**

(歴史学研究会編『世界史史料10』)

解説 十月革命で成立したソヴィエト政権は、**無併合、無賠償(無償金)の即時講和**を各国に呼びかけるとともに、大戦中の秘密条約を暴露しはじめたため、連合国側も戦争の目的を明示する必要にせまられた。そこで1918年に**ウィルソン**は**「十四カ条」で、秘密外交の廃止、東欧における民族自決、そして国家連合の形成による平和構想などを発表し、「平和に関する布告」に対抗**した。しかし十四カ条の説く民族自決は、広大な植民地をもつ英仏に配慮し、東欧に限定されていたことを読み取ってほしい。

Speed Check!

第一次世界大戦とロシア革命

	欧米諸国の動き	ロシアの動き
1912	第1次[a　　　]戦争(～13)	
1913	第2次[a]戦争	
1914	[b　　　]事件→大戦の開始	ロシアが大戦に参戦
	日本の参戦	→ドイツ軍がロシア領ポーランドへ侵入
	→独領南洋諸島、中国の[c　　　]占領	
1915	日本が[d　　　]提出	
1917	[e　　　]開始(独)	[f　　　]：帝政政府打倒
	→アメリカ合衆国の参戦	[g　　　]帰国→ボリシェヴィキ勢力拡大
		[h　　　]→ソヴィエト政権成立
1918	ウィルソン「[i　　　]」発表	憲法制定会議解散
	[j　　　]条約：ロシアがドイツと単独講和	
		連合国による[k　　　]出兵(～22)
	[l　　　]：ヴィルヘルム2世退位	●この頃ボリシェヴィキが独裁体制確立
	→ドイツの降伏：第一次世界大戦終結	[m　　　]採用：経済統制
1919		[n　　　]創設：世界革命推進

❶ 第一次世界大戦

①大戦前夜、「[1　　　]」と呼ばれたバルカン半島では、1908年におこった**青年トルコ革命**に乗じてオーストリアが[2　　　]を併合した。これに反発した**セルビア**は、ロシアの支援のもとに、ブルガリア・モンテネグロ・ギリシアとともに[3　　　]を結成した。

②[3]は**オスマン帝国**との[4　　　]に勝利した。しかし領土配分をめぐり、同盟国間で[5　　　]がおこった。この戦争に敗れた**ブルガリア**はドイツ・オーストリアに接近した。

③1914年の[6　　　]でオーストリア帝位継承者夫妻が暗殺されると、オーストリアは**セルビア**に宣戦し、第一次世界大戦が始まった。

④ドイツ軍は中立国[7　　　]へ侵入し、パリの手前までせまった。**西部戦線**では塹壕戦が展開され、[8　　・　　・　　]などの新兵器が投入された。一方、**東部戦線**でもロシア領ポーランドへと進撃したが、戦線は膠着した。

⑤第一次世界大戦に、**オスマン帝国**や**ブルガリア**は[9　　　]側で参戦した。一方**イタリア**は、三国同盟を離脱して[10　　　]側で参戦した。

⑥大戦は一般社会も戦争遂行に動員する[11　　　]となり、**女性**も労働力として動員された。各国では**挙国一致体制**が組織され、労働者政党も戦争を支持したため、社会主義政党の国際組織である[12　　　]は崩壊した。

⑦イギリスの軍事協力要請に応えて、第2次[13　　　]内閣は大戦に参戦した。日本は**ドイツ領南洋諸島**や、[14　　　]**青島**のドイツ軍を破ったあと、**袁世凱政権**に[15　　　]を突きつけ、山東省のドイツ権益の継承や中国政府への日本人顧問の雇用などを認めさせた。

⑧大戦中のイギリスは**秘密外交**をさかんに展開し、1915年にはオスマン帝国領でのアラ

ブ国家の独立を認める［[16] ］を、16年には仏・露とオスマン帝国領分割を定めた［[17] ］を結び、また17年にはユダヤ人国家の建設を認める［[18] ］を発表した。

☐ ⑨大戦が予期しない長期戦になると、ドイツは指定航路外の船舶を無警告で攻撃する［[19] ］を開始した。これをきっかけに［[20] ］が協商国側で参戦したため、協商国が優勢となった。

☐ ⑩1918年アメリカ大統領**ウィルソン**は「［[21] ］」を発表し、民主的講和を呼びかけた。同年、同盟国は次々と降伏し、さらにドイツでも11月におこった［[22] ］を契機に［[23] ］が発生し、**ヴィルヘルム２世**が退位した。そして**ドイツ共和国**政府が協商国に降伏し、大戦は終結した。

❷ ロシア革命

☐ ①大戦が長期化するなか、1917年３月、首都［[24] ］で大規模なデモがおこると革命的状況が広がり、皇帝［[25] ］は退位して**臨時政府**が樹立された。これが**二月（三月）革命**で、戦争継続を主張する**臨時政府**に対して社会主義者は［[26] ］を組織し、戦争の終結をめざした。

☐ ②スイスから帰国した［[27] ］の指導者［[28] ］は臨時政府打倒を主張し、政府の首相となった［[29] ］と対立した。

☐ ③1917年11月［ [27] ］が武装蜂起して臨時政府を倒した。これが**十月（十一月）革命**で、新政権は**無併合・無償金**・民族自決による即時講和を呼びかけた「［[30] ］」や、**土地の私的所有廃止**を定めた「［[31] ］」を採択した。

☐ ④1918年［ [28] ］は、エスエル党が第一党となった**憲法制定会議**を封鎖し、［ [27] ］の一党独裁への道を開いた。また［[32] ］を結んで大戦から離脱したのち、**共産党**と改称し、首都を［[33] ］に移した。さらに19年には［[34] ］が創設され、**世界革命**の推進がはかられた。

☐ ⑤革命の拡大をおそれる協商国の支援を背景に、ロシアで**内戦**と［[35] ］にみられる**干渉戦争**が始まった。［ [28] ］は、これに［[36] ］を組織して対抗し、［[37] ］を実施して兵士への食料供給をはかった。

☐ ⑥1921年レーニンは［[38] ］（**ネップ**）を実施し、市場経済を部分的に認めた。また、22年には［[39] ］（ソ連邦）が結成された。

☐ ⑦1918年、**チェコスロヴァキア軍団**救援を目的に連合国は［ [35] ］に乗り出した。第一次世界大戦の休戦をきっかけに、各国がシベリアから撤退したのちも日本のみが占領を継続したため、現地住民は反発し、20年には**ニコライエフスク**で日本人が革命派のゲリラによって殺害される［[40] ］がおこった。

☐ ⑧**ワシントン会議**で日本は撤兵を明言し、1922年には北樺太を除いてシベリアから撤退し、25年の［[41] ］締結にともない、石油・石炭の権益獲得を条件に北樺太からも撤退した。

ステップ・アップ・テスト（文の正誤を○×で判定しよう）

☐ ①第２次バルカン戦争で、ブルガリアが敗北した。（19年本世Ａ）

☐ ②シベリア出兵によって、日本の北樺太領有が決まった。（17年追日Ａ）

Summary 第一次世界大戦後の欧米諸国とアジア・アフリカ地域の民族運動

Point
❶ヴェルサイユ体制・ワシントン体制の成立とその特徴
❷1920年代の西ヨーロッパ各国の動向と国際協調にもとづく条約の締結
❸アジア諸地域でみられた民族運動の展開、トルコ革命とパレスチナ問題の発生

1 国際平和と安全保障

①パリ講和会議と国際連盟の成立：ヨーロッパの国際秩序の確立…**ヴェルサイユ体制**

パリ講和会議	大戦の講和会議(1919)：同盟国やソヴィエト＝ロシアは招かれず →民族自決の理念にもとづき東欧のポーランド、ハンガリーなど独立
ヴェルサイユ条約	対ドイツ講和条約…すべての植民地を没収、**アルザス・ロレーヌ**をフランスへ返還、**ラインラントの非武装化**、巨額の賠償金支払い
委任統治	アラブ地域は英仏、赤道以北の南洋諸島は日本の委任統治領
国際連盟	本部：**ジュネーヴ**(スイス)、恒久平和をめざす国際機構 ドイツやソヴィエト＝ロシアは排除、**アメリカ合衆国**は不参加 総会は全会一致、軍事制裁の手段をもたず→紛争解決能力が弱い

②**ワシントン会議**：アジア・太平洋の国際秩序を確立…**ワシントン体制**

海軍軍備制限条約	米・英・日・仏・伊が主力艦の保有トン数と保有比率を決定
九カ国条約	**中国**の主権尊重と門戸開放の原則を確認
四カ国条約	**太平洋**諸島の現状維持を約束➡**日英同盟**の解消

③1920年代の西ヨーロッパ諸国

イギリス	**選挙法改正**…**女性参政権**実現(1918)、**労働党**の躍進➡労働党政権(1924) イギリス帝国再編：**イギリス連邦**→ウェストミンスター憲章(1931)で法制化 アイルランド：**アイルランド独立戦争**➡**アイルランド自由国**：自治領
フランス	ドイツの賠償返済不履行を理由にベルギーと**ルール占領**強行➡1925年撤兵
ドイツ	**ヴァイマル憲法**制定(1919)➡ルール占領(1923)：インフレーションの激化 ➡**シュトレーゼマン**首相：紙幣改革によりインフレ沈静化 ➡**ドーズ案**(1924)：年間賠償額の引下げとアメリカ資金のドイツへの貸与
イタリア	**ムッソリーニ**：**ファシスト党**を率いて勢力拡大➡**ローマ進軍**で政権獲得 ➡ファシスト党の一党独裁体制の確立(1926)：地主・資本家・軍部の支持

④国際協調の模索：ルール占領の失敗→対独強硬路線から国際協調への転換

ロカルノ条約	独と西欧諸国がラインラントの非武装化を再確認➡独の国際連盟加盟
不戦条約	仏外相**ブリアン**と米国務長官**ケロッグ**が提唱(1928)

2 アジア・アフリカ地域の民族運動

①東アジアの民族運動：ロシア革命と民族自決の潮流➡アジアでも独立の要求が高まる

三・一独立運動	ソウルで日本からの独立を要求するデモ➡朝鮮全土に拡大(1919) ➡武力で鎮圧→**原敬**内閣：武断政治から**「文化政治」**への転換
五・四運動	パリ講和会議：中国は山東省の権益返還を求める→列強は認めず ➡北京の排日運動が全土に拡大(1919)➡**ヴェルサイユ条約**調印拒否

❖新文化運動：五・四運動の思想的背景…**陳独秀**：『**新青年**』創刊→**魯迅**：『狂人日記』

②中国の国民革命：孫文率いる中国国民党と陳独秀らが結成した中国共産党により展開

北伐	**国民党**：共産党と連合して協力体制をつくる：**第1次国共合作** **蔣介石**…各地の軍事指導者(軍閥)打倒をめざして**北伐**を開始(1926) ➡**上海クーデタ**(1927)：共産党員弾圧→**南京**に国民政府樹立➡満洲を支配する **張作霖**が関東軍により爆殺→**張学良**：国民政府に合流→中国統一達成
共産党	**毛沢東**：山岳地帯に勢力拡大➡**瑞金**に**中華ソヴィエト共和国臨時政府**(1931)

③インド・東南アジアの民族運動

インド	英：戦後の自治約束→**インド統治法**で無視、**ローラット法**：民族運動弾圧 ⬌**ガンディー**：**非暴力**による**非協力**運動を説いて国民会議派を指導 ➡**ネルー**：**プールナ＝スワラージ**(完全独立)決議(1929)➡ガンディーによる**「塩の行進」**(1930)⬌イギリス：新インド統治法…独立認めず ❖**ジンナー**：全インド＝ムスリム連盟を指導→**パキスタン**建設を目標
東南アジア	インドネシア：**スカルノ**…**インドネシア国民党**がオランダから独立運動 インドシナ：**ホー＝チ＝ミン**…**インドシナ共産党**を率いて農民運動を展開 ビルマ：**タキン党**の運動、タイ：**立憲革命**(1932)→立憲君主制へ移行 フィリピン：フィリピン独立準備法(1934)➡独立準備政府の発足

④アフリカと西アジアの情勢：アフリカ系知識人がパン＝アフリカ主義運動を推進

南アフリカ	**アフリカ民族会議**(1923)：人種差別撤廃運動の開始→民族運動を主導
トルコ革命	オスマン帝国：大戦後、連合国軍とギリシア軍が各地を占領 ⬌**ムスタファ＝ケマル**：**トルコ大国民議会**を招集して革命政権樹立 ➡**ギリシア軍**撃退→スルタン制廃止➡**ローザンヌ条約**→**トルコ共和国**成立 大統領：ケマルが就任…カリフ制廃止、女性参政権実現、ローマ字採用
パレスチナ	イギリス：**バルフォア宣言**でユダヤ人国家建設約束→**シオニズム**の進展 ⬌**フサイン・マクマホン協定**でアラブ人の独立約束→アラブ・ユダヤ対立
イラン	**レザー＝ハーン**：**パフレヴィー朝**を創始(1925)→近代化の推進

3 資料

フサイン・マクマホン協定(マクマホンからフサイン宛書簡)(1915年)

(1)イギリスは一定の修正を加えて、**メッカのシャリーフによって要求されている範囲内すべての地域におけるアラブ人の独立を認め、それを支援する**用意がある。

(3)状況が許せば、イギリスはアラブに助言を与え、これらのさまざまな地域におけるもっとも適切と思われる統治形態を設立する援助を行う。

(歴史学研究会編『世界史史料10』)

バルフォア宣言(バルフォア外相のロスチャイルド卿宛の書簡)(1917年)

国王陛下の政府(イギリス政府)は**パレスチナにおいてユダヤ人のための民族的郷土を設立することを好ましいと考えており**、この目的の達成を円滑にするために最善の努力を行うつもりです。また、……他のあらゆる国でユダヤ人が享受している諸権利および政治的地位が侵害されることは決してなされることはないと明確に理解されています。

(歴史学研究会編『世界史史料10』)

解説 上の２つの資料のうち、イギリスは**フサイン・マクマホン協定**で、オスマン帝国領内に住む**アラブ人に独立を支援することを約束**し、他方**バルフォア宣言**では、オスマン帝国の統治下にあった**パレスチナにユダヤ人の「民族的郷土(ナショナル＝ホーム)」の建設を約束**している。イギリスは、大戦を有利に進めるため、こうした矛盾する約束を両民族それぞれと結んだのであるが、それらが成立しえたのは、**２つの協定・宣言が秘密裏に結ばれ、他の協定・宣言が存在することを知らない**ためであった。

Speed Check! 第一次世界大戦後の欧米諸国とアジア・アフリカ地域の民族運動

☐

	欧米諸国の動き	アジアをめぐる動き
1919	〔a 〕会議	朝鮮で〔c 〕運動
	→ドイツとヴェルサイユ条約の締結	インドで〔d 〕制定
	ドイツで〔b 〕憲法制定	中国で〔e 〕運動、中国国民党成立
1920	〔f 〕発足：本部ジュネーヴ	
1921	〔g 〕会議（～22）	中国共産党成立
1922	〔h 〕(伊)→ファシスト党政権	
1923	仏・ベルギーによる〔i 〕占領	トルコ：〔j 〕条約締結
	→ドイツで未曾有のインフレ進行	トルコ共和国成立：大統領ムスタファ＝ケマル
1924	イギリスで〔k 〕政権成立	中国で第1次〔l 〕成立
1925	〔m 〕条約締結：独など7カ国	イランで〔n 〕朝成立
1926		中国国民党が〔o 〕開始（～28）
1927		中国で上海クーデタ→国共分裂
		インドネシア国民党の成立
1928	〔p 〕条約締結：米仏の主導	
1929	世界恐慌	インドで〔q 〕決議

❶ 国際平和と安全保障

☐ ①1919年１月から〔1 〕で、ポーランド・ハンガリーなど東欧諸国の独立が認められた。また連合国はドイツとの〔2 〕に調印し、ドイツはすべての植民地を没収され、**ラインラントの非武装化**を約束したほか、〔3 〕をフランスに返還し、巨額の賠償金を課せられた。こうした〔 1 〕で成立した戦後のヨーロッパの国際秩序を**ヴェルサイユ体制**という。

☐ ②〔 1 〕は植民地問題の解決もはかったが、〔4 〕の名目で植民地は再分配され、アラブ地域は英仏、赤道以北の南洋諸島は日本の〔 4 〕領となった。

☐ ③1920年、恒久平和をめざす国際機構である〔5 〕が成立し、**ジュネーヴ**に本部がおかれた。しかしドイツやソヴィエト＝ロシアは排除され、〔6 〕が参加しないなど、連盟は発足当初から問題を抱えていた。

☐ ④1921～22年、アメリカ大統領の提唱で〔7 〕が開かれ、主力艦の保有比率を決定した〔8 〕のほか、**中国**の主権尊重と門戸開放の原則を確認した〔9 〕や、**太平洋**諸島の現状維持を約束した〔10 〕が結ばれ、〔11 〕は解消された。こうした〔 7 〕で成立した戦後のアジア・太平洋の国際秩序を**ワシントン体制**という。

☐ ⑤イギリスでは、大戦中の〔12 〕を通じて**女性参政権**が実現し、大戦後には**労働党**が躍進した。またイギリス帝国は〔13 〕に再編され、1931年のウェストミンスター憲章で法制化された。さらに19年からの〔14 〕を経て**アイルランド自由国**が成立し、自治領となった。

☐ ⑥フランスは、ドイツの賠償支払い不履行を理由にベルギーと〔15 〕を強行したが、国際的批判をあびて撤兵した。

☐ ⑦ドイツでは社会民主党の政権のもと、民主的な〔16 〕が制定された。しかし〔 15 〕をきっかけに未曾有(みぞう)のインフレが進んだため、首相の〔17

]は紙幣改革により、これを克服した。その後[18]により年間賠償額が引き下げられ、アメリカ資金がドイツへ貸与された。

☐ ⑧イタリアでは[19]率いる**ファシスト党**が勢力を拡大し、1922年の[20]で政権を獲得したのち、一党独裁体制を確立した。

☐ ⑨[15]の失敗を経て国際協調の気運が広がると、1925年には[21]が結ばれ、国境の現状維持などが約束された。また28年には、フランス外相**ブリアン**と合衆国国務長官**ケロッグ**の提唱で[22]が結ばれた。

2 アジア・アフリカ地域の民族運動

☐ ①日本支配下の朝鮮で、1919年に[23]がおこり、これを契機に**原敬**内閣は、朝鮮統治策を武断政治から「[24]」へと転換した。

☐ ②中国では1919年に[25]という排日運動がおこり、政府は**ヴェルサイユ条約**の調印を拒否した。この思想的背景となった新文化運動は、[26]が創刊した『**新青年**』で展開され、**魯迅**の『狂人日記』もここに発表された。

☐ ③**国民党**は共産党と協力体制をつくり、[27]が成立した。

☐ ④孫文の死後、軍閥打倒を目標に**北伐**を開始した[28]は、その途上で[29]により共産党員を弾圧し、**南京**に国民政府をたてた。

☐ ⑤満洲を支配する[30]が関東軍に爆殺されたのち、その子の[31]が国民政府に合流したことで、国民政府は中国統一を達成した。

☐ ⑥国民党との分裂後、[32]率いる共産党は、山岳地帯に根拠地を拡大し、1931年には**瑞金**に[33]を樹立した。

☐ ⑦インドでは、イギリスが1919年に[34]を制定して政治活動を弾圧すると、[35]が**非暴力**による**非協力**運動を説いて国民会議派を指導した。やがて**ネルー**などの急進派は、29年に[36](完全独立)を決議し、翌年にはガンディーも「**塩の行進**」を組織した。一方、全インド=ムスリム連盟を指導した**ジンナー**は、[37]の建設を目標とした。

☐ ⑧大戦後の東南アジアでも民族運動が広がり、インドネシアでは[38]率いる**インドネシア国民党**がオランダからの独立運動を、フランス領インドシナでは、[39]が**インドシナ共産党**を率いて農民運動を展開した。またビルマでは[40]が独立をとなえ、タイでは**立憲革命**がおこった。

☐ ⑨南アフリカでは[41]が人種差別撤廃運動を始めた。

☐ ⑩**トルコ大国民議会**を組織した[42]は**ギリシア軍**を撃退し、1923年に[43]を結んだのち、**トルコ共和国**を樹立した。

☐ ⑪パレスチナでは、[44]にもとづき、**シオニズム**が進展してユダヤ人の入植が進んだが、これは**フサイン・マクマホン協定**による独立を信じるアラブ人との対立を招いた。

☐ ⑫イランでは、1925年に[45]が**パフレヴィー朝**を創始した。

ステップ・アップ・テスト(文の正誤を○×で判定しよう)

☐ ①イギリスは、上院の反対で、国際連盟に参加しなかった。(21年本世B〈第2日程〉)

☐ ②ムスタファ=ケマルが、トルコ共和国の初代大統領となった。(18年本世A)

Summary 大衆消費社会の到来、広がる社会運動と普通選挙の実現

Point
①第一次世界大戦後における大衆消費社会の到来とアメリカ合衆国の繁栄
②大正期の日本における大衆文化と消費文化
③普通選挙運動、労働運動と社会運動の広がり

① アメリカ合衆国の繁栄

背景	・債務国から債権国へ 第一次世界大戦以前のアメリカ合衆国：債務国(西欧からの資金で工業化を進める) →第一次世界大戦後に**債権国**へ(巨額の戦費を必要とする西欧に資金を提供、国土も戦争の被害を受けず)→国際社会での政治的・経済的な発言力向上 ・身分制に縛られず、進取の気性に富んだ社会 ➡大量生産・大量消費・**大衆文化**を特徴とする**大衆消費社会**の出現へ
大衆文化の隆盛	・**フォード社**：T型自動車発売(1908)　・**ラジオ放送**の開始(1920) ・大リーグでベーブ＝ルースが活躍　・最初のトーキー映画上映(1927) ・リンドバーグ：世界初の大西洋単独無着陸飛行に成功(1927) ・**チャップリン**「モダン＝タイムス」上映(1936) ➡大量生産・大量消費を支えたのは**都市中間層**(公務員・サラリーマンなど)
社会の保守化	・**クー＝クラックス＝クラン(KKK)**の勢力拡大→黒人や移民への暴力 ・**禁酒法**制定(1920施行)：酒類の製造・販売・運送を禁じる ・**移民法**制定(1924)：アメリカ合衆国への移民制限、日本を中心としたアジア系移民の排斥→日米間の摩擦の原因に

② 日本における大衆文化

【教育】
・学校教育の普及(明治時代末期に義務教育〈小学校〉の就学率がほぼ100%)

【活字文化】
・大衆雑誌『**キング**』や『改造』などの総合雑誌の増加、1冊1円の**円本**も登場
・新聞の発行部数拡大：各新聞社はイベント企画や戦争報道で部数競争を続けていく

【都市生活】
・高学歴者の増加→都市部におけるサラリーマン、「**職業婦人**」の登場
・映画館や私鉄の経営するデパートなどの施設

【メディア】
・**映画**の流行(無声映画→トーキー〈発声〉映画の普及)　・**ラジオ放送**開始(1925)

③ 大衆の政治参加

1912	**第1次護憲運動**(犬養毅・尾崎行雄「**閥族打破・憲政擁護**」) …第3次桂太郎内閣の倒閣運動→全国に拡大➡桂内閣総辞職(**大正政変**)(1913)
1918	**シベリア出兵**(～22)：ロシア革命に干渉➡**米騒動**→寺内正毅内閣総辞職 **立憲政友会**総裁の**原敬**が内閣を組織…初の本格的な**政党内閣**の誕生

	→産業の振興、交通の整備、高等教育機関の充実など積極的な政策を打ち出すが、普通選挙制導入には反対 **【大正デモクラシー】** ・**美濃部達吉「天皇機関説」**…天皇は国家機関の1つにすぎず、強力な政治を推進するには民意にもとづく政党内閣が望ましいと主張 ・**吉野作造「民本主義」**…民衆の意向を無視して政治や社会はなりたたない
1923	関東大震災→震災手形の発生　震災恐慌
1924	**第2次護憲運動** **護憲三派**（**立憲政友会・憲政会・革新倶楽部**）：非政党内閣の打倒と政党内閣の樹立、普通選挙の実現をめざす→**加藤高明**内閣成立
1925	**普通選挙法**成立：**満25歳以上**の男性に納税資格なく衆議院議員の選挙権 ➡有権者4倍増、政治の大衆化進行、無産政党も公然と活動開始 **治安維持法**成立：国体の変革や私有財産制否認を目的として運動を弾圧 …**日ソ基本条約**（日ソ間の国交を樹立）の締結が背景に

4 社会運動の広がり

世界	【労働運動】 第一次世界大戦終結→欧米では労働組合の国際機関の再建：国際労働組合連盟の創立 ➡ヴェルサイユ条約→**国際労働機関（ILO）**の設立：労働者の待遇改善に努める 【女性運動】 19世紀半ば以降、欧米を中心に女性の地位向上を求める運動が盛り上がる 米・英・独などで女性参政権獲得運動が盛んに→国際女性参政権同盟（1904）結成 第一次世界大戦で男性が出征→女性の職場進出
日本	【労働運動】労働条件改善をめざす**労働争議**が多発→**日本労働総同盟**（1921） 【農民運動】小作料減免などを求める**小作争議**が急増→**日本農民組合**（1922） 【女性解放運動】**新婦人協会**（1920）：**平塚らいてふ、市川房枝** →男女の機会均等を求め、政治演説会への女性参加を実現 【部落解放運動】**全国水平社**（1922）「水平社宣言」を出して被差別部落に対する差別の撤廃を訴え、人間の尊厳や自由と平等を求める 【社会主義の思想と運動】←ロシア革命の影響…マルクス主義が日本でも拡大 **日本共産党**（1922）：コミンテルンの指導下、非合法で結成

5 資料

国名	フランス	アメリカ	ドイツ	イギリス	日本	ソ連	インド	中国
男性	1848	1870	1871	1918	1925	1936	1949	1953
女性	1945	1920	1919	1928	1945	1936	1949	1953

各国における普通選挙の実現年

解説 第一次世界大戦は総力戦となり、これまで男性が担ってきた軍需品の生産に女性がかり出された。戦争中に女性は軍需工場、電車・バスの車掌、男性が出征した後の会社の事務などに動員され、**女性の社会進出が進んだ結果、女性の権利を男性と対等にすべきという認識が多くの国で広まった。**

Speed Check! 大衆消費社会の到来、広がる社会運動と普通選挙の実現

	大正期の日本
1912	明治天皇死去→大正に改元 〔a 〕が始まる
1913	桂太郎内閣総辞職(〔b 〕)
1916	〔c 〕、民本主義をとなえる
1918	シベリア出兵→〔d 〕が発生 〔e 〕内閣成立
1920	平塚らいてふ、市川房枝らが〔f 〕を結成
1922	〔g 〕を結成 日本農民組合を結成
1924	〔h 〕が始まる
1925	〔i 〕締結(国交樹立) 〔j 〕法・〔k 〕法が公布

❶ アメリカ合衆国の繁栄

①第一次世界大戦以前のアメリカ合衆国は、ヨーロッパから資金を得て工業化を進める債務国だったが、大戦後、巨額の戦費を必要とするヨーロッパに資金を提供することで、〔1 〕となった。

②第一次世界大戦後のアメリカには、大量生産・大量消費・**大衆文化**を特徴とする〔2 〕が出現した。自動車会社の〔3 〕は短期間での大量生産、価格の低下を実現し、アメリカはいち早くモータリゼーション(自動車化)を迎えた。

③映画・スポーツ観戦、タブロイド新聞などの大衆文化が広まり、1936年には**チャップリン**の「モダン＝タイムス」が上映された。また20年には〔4 〕も始まり、人気を博した。こうした大量生産・大量消費をおもに支えたのは、サラリーマン、公務員を中心とする〔5 〕だった。

④第一次世界大戦後のアメリカは、大衆化の一方で内部に人種差別問題を抱えており、人種差別団体〔6 〕が勢力を広げ、黒人や移民への暴力を繰り返した。また、**禁酒法**が制定されたほか、1924年には日本をはじめとしたアジア系移民の流入を事実上禁止した〔7 〕も制定された。

❷ 日本における大衆文化

①1925年に創刊された大衆雑誌『**キング**』、19年創刊の『改造』などの総合雑誌の増加、1冊1円の『現代日本文学全集』などの〔8 〕が登場した。

②高学歴の女性は、一般的に専業主婦となることが期待されたが、中等・高等教育機関の教員や編集者などで、男性と対等に仕事をこなす「〔9 〕」も現れた。

③メディアとしては**映画**が1920年代以降都市部の青少年に人気を集め、30年代後半にはトーキー映画の普及によって大衆娯楽の代表的存在となった。また、1925年に〔10 〕が始まり、ニュースや天気予報のほか、相撲や野球の中継などの番組が増えていった。

❸ 大衆の政治参加

①第3次桂太郎内閣が組閣されると、立憲政友会の尾崎行雄や立憲国民党の犬養毅を中心として、「**閥族打破・憲政擁護**」を掲げ、倒閣運動を始めた。これを〔11 〕という。桂首相は新党を結成して、対抗しようとしたが、民衆は議会を包囲し、

暴動もおきて桂内閣は退陣した。これを[12]という。

☐ ②第一次世界大戦のさなか、**シベリア出兵**を見越した商人たちが米を買い占めたため、米価が上昇した。1918年に富山県の主婦たちが米屋におしかけたのをきっかけに[13]が始まり、全国に広がった。

☐ ③寺内正毅内閣総辞職後、**立憲政友会**総裁の[14]が、陸海軍大臣と外相以外をすべて政党員で占めた初の本格的な[15]を組織した。

☐ ④憲法学者の[16]は、天皇は国家機関の1つにすぎず、強力な政治を推進するには民意にもとづく政党内閣が望ましいと主張する**「天皇機関説」**を説いた。また、政治学者の**吉野作造**は、民衆の意向を無視して政治や社会がなりたたないという、「[17]」の考え方を主張した。このような大正期に高揚した自由主義・民主主義的風潮を[18]という。

☐ ⑤**立憲政友会・憲政会・革新倶楽部**の[19]は、非政党内閣に協力しない姿勢で一致して[20]を進めた。[19]は、1924年の衆議院議員総選挙で多数を占め、憲政会総裁の**加藤高明**を首相とする加藤高明内閣を成立させた。

☐ ⑥加藤高明内閣は1925年に[21]を成立させ、**満25歳以上**の男性は納税資格なく衆議院議員の選挙権が与えられた。これにより政治の大衆化が進行し、無産政党も公然と活動開始するが、女性の参政権は実現しなかった。

☐ ⑦1925年、加藤高明内閣は**日ソ基本条約**を締結し、日ソ間で国交が樹立したが、共産主義の広がりをおそれ、[22]を制定した。

4 社会運動の広がり

☐ ①第一次世界大戦終結を機に、欧米では労働組合の国際機関の再建がめざされ、1919年には国際労働組合連盟が創立された。この動きに対応し、ヴェルサイユ条約によって、政府・労働組合・使用者の3者が対等な立場で労働問題について国際的に協議をする[23]が設立された。

☐ ②八幡の官営製鉄所などの大規模工場を中心に賃上げなどの労働条件の改善をめざす[24]が多発し、1921年には[25]がつくられた。

☐ ③農村では**小作争議**が急増し、1922年には[26]が結成された。

☐ ④**平塚らいてふ**、[27]らが1920年に[28]を設立して女性の地位向上を主張した運動を進め、女性の政治演説会への参加を実現させた。

☐ ⑤1922年に結成された[29]は、「水平社宣言」を出して被差別部落に対する差別の撤廃を訴え，人間の尊厳や自由と平等を求めた。

☐ ⑥1922年堺利彦らによって[30]が密かに結成され、コミンテルンの日本支部となった。

ステップ・アップ・テスト(文の正誤を○×で判定しよう)

☐ ①1930年代、日本でもトーキー映画が制作・上映されるようになった。(16年本日 A)

☐ ②普通選挙法のもとで、25歳以上の男性には納税額にかかわりなく選挙権が認められた。(16年本日 A)

Summary 世界恐慌とファシズムの台頭、満洲事変と軍部の台頭、日中戦争

Point
❶世界恐慌の発生とブロック経済、ニューディールなど各国の対応
❷ドイツのファシズム政権とファシズム諸国の動き、スペイン内戦
❸幣原外交から対中国強硬政策への転換、満洲事変と軍部の台頭、日中戦争

1 世界恐慌の発生と各国の対応

ニューヨーク株式市場(**ウォール街**)で株価暴落(1929.10)➡アメリカが海外へ投資していた資金を引き揚げる→世界恐慌へと拡大 ❖恐慌の原因：農産物の価格低下による農民の購買力低下、工業製品の供給過多など	
ブロック経済	イギリス：金本位制の離脱…金の流出を防止→管理通貨制度への移行 **スターリング＝ブロック**…高関税により連邦外の製品を排除 フランス：広大な海外植民地と**フラン＝ブロック**を形成
アメリカのニューディール	**フランクリン＝ローズヴェルト**(民主党)：**ニューディール**の採用 …**農業調整法**：農業生産調整、**テネシー川流域開発公社**(**TVA**)：失業対策 ラテンアメリカ諸国に対して**「善隣外交」**を展開→市場拡大をめざす
ソ連の社会主義	国際社会への復帰：**ラパロ条約**(1922)…ドイツがソヴィエト政権承認 ➡イギリス・フランス・日本と国交樹立➡アメリカがソ連承認(1933) **スターリン**：**一国社会主義論**により世界革命をとなえるトロツキー追放 ➡**五カ年計画**：市場経済の縮小、農民は集団農場に編入 ❖1930年代初頭までに工業生産量増大…恐慌の影響をほとんど受けず

2 ファシズムの台頭

①ドイツのナチズム：**ナチ党**(国民社会主義ドイツ労働者党)…**ヒトラー**のもと発展

ナチ党の台頭	ユダヤ人排斥やヴェルサイユ条約破棄を主張して恐慌後に党勢拡大 ➡1932年の選挙で第一党➡ヒトラー首相に任命(1933)➡国会議事堂放火事件を口実に共産党弾圧➡**全権委任法**成立(1933)：**一党独裁**実現
ナチ党の政策	積極的に公共事業を推進→失業者の減少、ユダヤ人への厳しい差別 **国際連盟脱退**(1933)➡**ザール地方**を住民投票により編入(1935)➡**再軍備**を宣言➡**ロカルノ条約**を破棄→**ラインラント**進駐(1936)

②ファシズム諸国の攻勢：コミンテルンが進める国際共産主義運動に対抗

イタリア	**エチオピア**侵攻(1935)➡国際連盟の経済制裁：内容不十分で効果あがらず ➡ドイツへ接近：**日独伊三国防共協定**(1937)➡**日独伊三国同盟**(1940)
スペイン	**人民戦線**派が政府を組織➡**フランコ**の反乱：**スペイン内戦**の開始(1936) ➡英仏は不干渉、独・伊はフランコ側を援助➡フランコの勝利(1939)
ドイツ	**オーストリア**併合(1938)➡**ズデーテン地方**割譲を要求➡**ミュンヘン会談**：英仏の**宥和政策**→ズデーテン地方領有を容認➡**独ソ不可侵条約**締結(1939)

3 日本の恐慌と満洲事変

①協調外交と中国政策の転換

若槻礼次郎内閣	**幣原喜重郎**外相による協調外交(**幣原外交**)
田中義一内閣	対欧米政策：協調外交継続…ジュネーヴ軍縮会議へ参加、**不戦条約**調印

	中国政策：積極外交へ…**山東出兵**：国民革命軍の北伐阻止をはかる →**張作霖**爆殺事件：**関東軍**の暴走➡田中内閣総辞職
浜口雄幸内閣	中国政策：協調外交復活(外相：幣原喜重郎) **ロンドン海軍軍備制限条約**(1930)…補助艦保有量制限(対英米約7割) ➡**統帥権干犯**問題：海軍の強硬派などが政府を批判→浜口首相狙撃
世界恐慌(1929)の発生➡**昭和恐慌**(1930～31)：株価や農産物価格の暴落 →農村の窮乏、商工業の不振、政治や社会の不安定化	

②満洲事変とその経過

満洲事変	【背景】中国での権益回収の動き→関東軍の石原莞爾らが満洲の占領を計画 【経過】**柳条湖事件**：奉天郊外の南満洲鉄道の線路を爆破 →関東軍：満洲全域占領←第2次若槻礼次郎内閣の不拡大方針無視
満洲国	満洲国建国(1932)…執政：溥儀→日本は**日満議定書**により満洲国を承認 ⟺国際連盟：**リットン調査団**派遣…満洲国を認めず→日本は**国際連盟**脱退

4 日中戦争と国内外の動き

①天皇機関説事件と二・二六事件

五・一五事件	海軍青年将校らが満洲国承認に消極的な**犬養毅**首相暗殺→政党内閣崩壊
天皇機関説事件	貴族院…**美濃部達吉**の天皇機関説批判→岡田啓介内閣：**国体明徴声明**(こくたいめいちょう)発表 ❖文部省：『国体の本義』刊行(1937)…天皇の絶対性を国民に認識させる
二・二六事件	**皇道派**青年将校らがクーデタ…斎藤実(まこと)内相・高橋是清蔵相を殺害 ➡**広田弘毅**内閣：陸軍が閣僚人事に干渉、軍備拡張、日独防共協定締結

②日中戦争

	日本政府・軍部	中国国民党・共産党
背景	**華北分離工作**：華北と国民政府から分離させ、日本の支配下におこうとする	**西安事件**(1936)：**張学良**が蔣介石を捕えて抗日と内戦停止を説得
開戦	**盧溝橋事件**(1937.7)→**日中戦争**の開始 南京占領(1937.12)➡南京事件の発生	**第2次国共合作**➡抗日民族統一戦線結成…抗戦体制をととのえる
展開	日本はドイツを仲介役に蔣介石政権と和平交渉 ➡**近衛文麿**：国民政府との和平の道を閉ざす **東亜新秩序**声明(1938.11)：新秩序建設を宣言 南京国民政府：**汪兆銘**による傀儡政権樹立	国民政府は**南京**→武漢→**重慶**と移動して徹底抗戦の継続 …アメリカ・イギリスから**援蔣ルート**を通じた援助を受ける

③戦時下の日本社会

1937	**国民精神総動員運動**：戦争遂行のため日本精神の高揚をはかり、報道統制を強化 内閣に企画院を設立…物資動員体制を立案、戦争優先の経済体制構築：**戦時統制**経済
1938	**国家総動員法**：戦時の経済や言論についての政府の大幅な裁量権を認める
1940	**新体制運動**：ほぼ全政党が解党➡**大政翼賛会**の結成(隣組・町内会・部落会の結成)
1941	小学校の国民学校への改組　米の配給制

Speed Check! 世界恐慌とファシズムの台頭、満洲事変と軍部の台頭、日中戦争

☐

	欧米の動き	東アジアの動き
1931		柳条湖事件→〔a 〕勃発
1932	F.ローズヴェルト…〔b 〕開始	〔c 〕の成立…執政：溥儀　五・一五事件
1933	独：〔d 〕首相…全権委任法	日本：〔e 〕を脱退
1935	独：〔f 〕編入 伊：エチオピア侵入	日本：〔g 〕事件→国体明徴声明
1936	独：〔h 〕進駐 フランコ反乱→〔j 〕開始	〔i 〕事件…軍部のクーデタ 中国：〔k 〕…蔣介石監禁
1937	〔l 〕成立	盧溝橋事件→〔m 〕勃発
1938	〔n 〕会談：英仏の宥和政策	日本：〔o 〕…政府の裁量権拡大
1939	〔p 〕→独：ポーランド侵攻	

1 世界恐慌の発生と各国の対応

☐ ①1929年10月、〔1 〕(**ウォール街**)での株価暴落をひきがねに世界恐慌が始まった。恐慌対策として、広大な植民地をもつイギリスでは**スターリング＝ブロック**、フランスでは**フラン＝ブロック**と呼ばれる〔2 〕が採用され、経済の安定がはかられた。

☐ ②アメリカ大統領の〔3 〕は、**ニューディール**と呼ばれる経済政策を実施し、〔4 〕で農業生産を調整し、〔5 〕(TVA)のような公共事業で失業者の削減をはかった。またラテンアメリカ諸国に「〔6 〕」を展開し、市場の拡大をめざした。

☐ ③第一次世界大戦で敗戦したドイツは、1922年に〔7 〕を結んでソヴィエト政権を承認した。このの ちソ連は英・仏・日と国交を樹立し、国際社会に復帰した。

☐ ④レーニンの死後に後継者となった〔8 〕は**一国社会主義論**を掲げ、2度にわたる〔9 〕で工業化と農業集団化を進めた。

2 ファシズムの台頭

☐ ①世界恐慌後、ドイツでは**ヒトラー**が率いる〔10 〕(国民社会主義ドイツ労働者党)が党勢を拡大し、1932年には第一党となった。33年にヒトラーが政権を握ると〔11 〕によって立法権を政府に移し、**一党独裁**を実現した。

☐ ②ドイツは、1933年に軍備の平等を主張して**国際連盟を脱退**し、35年には〔12 〕の編入を実現して再軍備を宣言した。翌36年には**ロカルノ条約**を破棄し、〔13 〕へと軍を進駐させた。

☐ ③対外侵略により経済危機の打開をはかるイタリアは、1935年に〔14 〕に侵攻した。これを契機にイタリアはドイツに接近し、37年には**日独伊三国防共協定**が成立した。これは40年に〔15 〕へと発展した。

☐ ④スペインでは〔16 〕派の政府に対し、**フランコ**が反乱をおこして〔17 〕が始まり、独伊の支援を受けたフランコが勝利した。

☐ ⑤1938年に〔18 〕を併合したドイツは、チェコスロヴァキアに〔19 〕の割譲を要求した。この要求をめぐって開かれた〔20

]で、英仏は**宥和政策**をとり、[19]の割譲を認めたため、これに不信をもったソ連は、39年にドイツと[21]を結んだ。

3 日本の恐慌と満洲事変

☐ ①若槻礼次郎内閣で外相をつとめた**幣原喜重郎**は、[22]と呼ばれる協調外交を進めた。続く田中義一内閣は、1928年の[23]に調印する一方で、対中国政策は強硬外交に転換し、3次にわたる[24]をおこなった。

☐ ②田中内閣の外交方針を軟弱とみた**関東軍**は、満洲軍閥の[25]を爆殺した。続く浜口雄幸内閣は、1930年には補助艦の保有率を定めた[26]に調印したが、軍部や政友会の一部は[27]であるとして内閣を批判した。

☐ ③1929年の**世界恐慌**は日本にも波及し、翌年[28]がおこった。

☐ ④石原莞爾を中心とする関東軍は、1931年の**柳条湖事件**で南満洲鉄道の線路を爆破し、これを口実に[29]をおこした。翌年、清朝最後の皇帝溥儀を執政にすえて[30]を建国し、**日満議定書**を締結して承認した。

☐ ⑤国際連盟は**リットン調査団**の報告書にもとづいて、日本軍の撤収を求める勧告案を採択すると、1933年に日本は[31]脱退を通告した。

4 日中戦争と国内外の動き

☐ ①1932年、海軍の青年将校が**犬養毅**首相を暗殺する[32]がおこった。

☐ ②1935年、貴族院で**美濃部達吉**の学説が批判される[33]がおこると、岡田啓介内閣は天皇機関説を禁止する[34]を出した。

☐ ③1936年、**皇道派**の青年将校が首相官邸などを占拠する[35]をおこした。陸軍は、このの ち成立した**広田弘毅**内閣の閣僚人事に干渉し、軍備拡張を進めた。

☐ ④**関東軍**が進める[36]に対し、共産党が強めた抗日の動きに共鳴した**張学良**は、蔣介石を監禁し、抗日と内戦停止を求める[37]をおこした。

☐ ⑤1937年に北京郊外でおこった[38]は、**日中戦争**へと発展した。戦線が拡大すると中国では[39]が成立し、抗戦体制を整備していった。

☐ ⑥[40]首相は声明を出し、自ら国民政府との和平の道を閉ざした。また1938年に[41]を出して新秩序建設を宣言したのち、南京に**汪兆銘**を首班とする傀儡政権を樹立した。

☐ ⑦中国の国民政府は首都を**南京**から武漢そして**重慶**に移し、またアメリカやイギリスから[42]を通じた援助を受け、日本に対して徹底抗戦を続けた。

☐ ⑧近衛内閣は[43]を展開して、国民へ戦争協力を促し、内閣に企画院を設立して[44]経済を強めた。また、1938年、日本政府は戦時の経済や言論に対する政府の大幅な裁量権を認める[45]を制定した。40年には**新体制運動**のもと、国民組織の結成が進み、全政党が解党して[46]に合流した。

ステップ・アップ・テスト(文の正誤を○×で判定しよう)

☐ ①ジャクソン大統領は、ラテンアメリカ諸国に善隣外交を展開した。(19年本世A)

☐ ②第1次近衛文麿内閣は中国に宣戦布告し、全面戦争への決意を示した。(15年本日A)

Summary 第二次世界大戦と太平洋戦争、新たな国際秩序と冷戦の始まり

Point
❶第二次世界大戦の展開と連合国の勝利、太平洋戦争の推移と日本の敗北
❷大戦後の新たな国際政治・経済秩序の成立と冷戦の始まり
❸朝鮮とベトナムにおける分断国家の成立、アジア諸国の独立と中東戦争の開始

❶ 第二次世界大戦

大戦の勃発	ドイツのポーランド侵攻(1939.9)：**第二次世界大戦**の開始 ソ連：ドイツとポーランド分割占領➡フィンランド侵攻→国際連盟除名
大戦の拡大	ドイツ：占領地拡大➡フランス降伏(1940)➡英の**チャーチル**は上陸阻止 ❖フランス：北半は独の占領、南半にヴィシー政府成立…首班：ペタン ⬌ド＝ゴール：**ロンドン**に亡命政府…レジスタンスを呼びかけ
独ソ戦	ドイツがソ連へ侵攻(1941)→英ソ米の接近：米は**武器貸与法**で英を支援 大西洋上会談(1941)：**ローズヴェルト**と**チャーチル**が「大西洋憲章」発表 …枢軸国(独伊日)　対　連合国(英米ソ)の構図が最終的に形成
太平洋戦争	**日中戦争**の長期化：ローズヴェルト…中国を支援し、日本に経済制裁 ⬌日本：日ソ中立条約締結→**日米交渉**の開始：日本は全面撤退応じず ➡南部仏印進駐：米は対日石油全面禁輸➡東条英機内閣：開戦決定 日本：マレー半島上陸、真珠湾攻撃(1941.12.8)…**太平洋戦争**の開始 ➡東南アジア・南洋諸島に占領地を拡大：大東亜共栄圏建設を提唱 日本：**ミッドウェー海戦**での大敗(1942)→太平洋戦争の主導権を失う ❖総動員体制：配給制・切符制、学徒出陣、女性や学生の勤労動員など ➡サイパン島陥落(1944)→東条英機内閣の総辞職
ファシズム諸国の敗北	独：**スターリングラードの戦い**(1943)に敗北➡連合軍シチリア上陸：イタリア無条件降伏(1943)➡カイロ宣言：米英中が対日基本方針を決定 **テヘラン会談**→連合軍がノルマンディー上陸作戦実行(1944)➡**パリ**解放 ヤルタ会談：ドイツ処理の大綱→ベルリン占領：ドイツの**無条件降伏** ❖独：アウシュヴィッツなどでユダヤ人抹殺(ホロコースト)を継続
日本の敗北	米軍：日本本土空襲開始(1944)➡東京大空襲➡沖縄戦で日本敗北(1945) ポツダム宣言：米英中が日本に**無条件降伏**勧告➡広島に**原爆**投下➡ソ連の対日参戦➡長崎に**原爆**投下➡日本は御前会議でポツダム宣言受諾 ➡「玉音放送」で国民は敗戦を知る(1945.8.15)→降伏文書調印(9.2)

❷ 新たな国際秩序と冷戦の始まり

①新たな国際秩序：国際連合とブレントン＝ウッズ国際経済体制の成立

国際連合の発足	**安全保障理事会**：軍事力の行使可能…常任理事国の拒否権承認
ブレトン＝ウッズ会議	**国際通貨基金(IMF)**：ドルを基軸通貨とする金ドル本位制導入 **国際復興開発銀行(IBRD)**：戦後復興と開発途上国への融資
関税と貿易に関する一般協定(GATT)	世界規模の貿易自由化の実現をめざす(1947)➡世界貿易機関(WTO)へと発展(1995)：GATTよりも権限が強い

②米ソ冷戦の始まり…「**冷戦**」：戦後続いた武力をともなわない米ソ間の緊張状態

	西側陣営(**資本主義陣営**)の動き	東側陣営(**社会主義陣営**)の動き
1947	**トルーマン＝ドクトリン**：**封じ込め**政策 **マーシャル＝プラン**：欧州復興援助計画	 →**コミンフォルム**を結成して対抗
1948	 ドイツ西側占領地区の**通貨改革** →西ベルリンへの空輸作戦←	**チェコスロヴァキア＝クーデタ** コミンフォルム：**ユーゴスラヴィア**除名 →**ベルリン封鎖**(～1949)
1949	↓ **ドイツ連邦共和国**(西ドイツ)成立←	→**経済相互援助会議**(**コメコン**)創設 →**ドイツ民主共和国**(東ドイツ)成立

③ アジア諸地域の独立

中国	**国共内戦**の再燃➡共産党の勝利→**蔣介石**：**台湾**に中華民国政府を維持 **中華人民共和国**(1949)…主席：**毛沢東**→**中ソ友好同盟相互援助条約**締結
朝鮮	北緯**38度線**を境界に北をソ連、南をアメリカが占領➡南：**大韓民国**…大統領：**李承晩**　北：**朝鮮民主主義人民共和国**…首相：**金日成**(1948) **朝鮮戦争**(1950～53)…北朝鮮が韓国に侵攻➡国連安全保障理事会は米軍主体の国連軍派遣➡中国が人民義勇軍を派遣➡休戦：南北分断が固定化
東南アジア	オランダ領東インド：**インドネシア共和国**の独立…大統領：**スカルノ** フランス領インドシナ：**ホー＝チ＝ミン**…**ベトナム民主共和国**の独立宣言 ➡**インドシナ戦争**：フランス…南部にベトナム国(主席：バオダイ) ➡**ジュネーヴ休戦協定**(1954)：北緯17度線を軍事境界線に南北に分断
南アジア	**インド連邦**(首相：**ネルー**)と**パキスタン**(総督：**ジンナー**)が分離独立
西アジア	**イラン**：**モサッデグ**…**石油国有化**(1951)➡**パフレヴィー2世**のクーデタ **パレスチナ**：国連のパレスチナ分割決議➡**イスラエル**建国(1948)…アラブ諸国の反対➡**第1次中東戦争**(1948)➡パレスチナ難民の発生

④ 資料

カイロ宣言(1943年)

三大連合国〔米英中〕は日本の侵略を制止し罰するためこの戦争を戦っている。……三大**連合国の目的は、……日本が奪取ないし占領した太平洋におけるすべての島嶼を日本より剥奪する**こと、ならびに日本が中国から奪取した**満洲、台湾、澎湖諸島などすべての地域を中華民国に返還する**ことである。……こうした諸目標を見すえ、三大連合国は、……**日本の無条件降伏を確保する**ために必要な重大で長期にわたる作戦を引き続き維持する。　（歴史学研究会編『世界史史料10』）

ポツダム宣言(1945年)

1、われわれ、アメリカ合衆国大統領、中華民国総統ならびに英国首相は……日本に戦争を終結する機会を与えることに同意した。

8、カイロ宣言の諸条項が履行に移されるにともない、**日本の主権は、本州、北海道、九州、四国およびわれわれが定めた諸島嶼に限定される**ことになる。

13、われわれは日本政府に対して、ただちに全**日本軍の無条件降伏を宣言**し、そうした行為を誠実に遂行する、……**日本にとってそれ以外の選択肢は迅速かつ完膚なき破壊のみ**である。　（歴史学研究会編『世界史史料10』）

解説 上記2つの資料は、ともに第二次世界大戦中に連合国が出した宣言である。**カイロ宣言**では、**連合国の戦争目的が日本が占領してきた地域の奪回**であり、**日本に対して無条件降伏を求めることが初めて明記された**。このカイロ宣言を受け、大戦末期に日本への降伏をせまったのが、**ポツダム宣言**である。この宣言のなかには、**日本からの占領地の返還がなされたあとの日本の領域が明示される**とともに、**日本に無条件降伏以外の選択肢がないこと**をつきつけている。日本は、ポツダム宣言をいったんは無視して戦争を続行したが、2発の原爆とソ連の参戦により、**宣言を受諾して無条件降伏**したのである。

Speed Check! 第二次世界大戦と太平洋戦争、新たな国際秩序と冷戦の始まり

☐

	ヨーロッパの動き	アジアの動き
1939	独：[a]侵攻→第二次世界大戦開始	
1940	フランス降伏→仏南部に[b]政府	
1941	[c]開始→英米ソの接近	[e]条約→日米交渉の開始
	大西洋上会談→[d]発表	日本：真珠湾などを攻撃→太平洋戦争開始
1942	[g]の戦い(～43)	[f]：日本軍敗退の契機
1943	連合軍シチリア上陸→イタリア無条件降伏	カイロ会談：[h]発表
1944	[j]上陸作戦→パリ解放	米軍による日本本土の[i]開始
1945	[k]会談→ドイツ無条件降伏	沖縄戦→広島・長崎に原爆投下
	国際連合の成立	日本が[l]受諾→終戦
1946		[m]戦争(～54)
1947	マーシャル＝プラン発表	インド・パキスタンの分離独立
1948	[n]封鎖→西側諸国は空輸で対抗	イスラエル建国→第１次[o]
1949	東欧経済相互援助会議創設、東西ドイツ成立	[p]成立：毛沢東主席

❶ 第二次世界大戦

☐ ①1939年、ドイツが[1]へ侵攻し、**第二次世界大戦**が始まった。

☐ ②ドイツは占領地を広げ、フランスも降伏した。南フランスには[2]が成立したが、[3]は**ロンドン**に亡命政府をつくった。

☐ ③1941年、ドイツがソ連に侵攻して[4]が始まると、アメリカ合衆国は**武器貸与法**を制定し、イギリスへの支援を始めた。またアメリカ大統領**ローズヴェルト**は、イギリス首相**チャーチル**と「[5]」を発表した。

☐ ④**日中戦争**が長期化するなか、ローズヴェルトが中国を支援して日本への経済制裁を断行すると、日本はソ連と[6]を結び、**日米交渉**を開始した。

☐ ⑤日本は中国からの全面撤退に応じず、[7]により資源の確保をはかったが、これにアメリカは対日[8]で対抗した。こうして交渉が破綻すると、1941年12月に[9]内閣は開戦を決定した。

☐ ⑥1941年12月８日に日本軍は[10]に上陸すると同時にハワイの[11]を攻撃し、ここに**太平洋戦争**が始まった。日本は[12]建設をとなえ、42年までに東南アジア・南洋諸島に占領地を拡大した。

☐ ⑦1942年の**ミッドウェー海戦**の敗戦をきっかけに日本は戦争の主導権を失った。日本国内では総動員体制が強化されたが、44年に[13]が陥落すると敗色は濃厚となり、[9]内閣は戦局悪化の責任をとって総辞職した。

☐ ⑧ヨーロッパでは**スターリングラードの戦い**をきっかけに連合国の反撃が始まり、1943年には対日基本方針を定めた[14]が発表された。また**テヘラン会談**での決定をもとにノルマンディー上陸が実行され、**パリ**が解放された。さらに[15]を受けて連合軍は総攻撃を開始し、ドイツを**無条件降伏**させた。

☐ ⑨1945年７月連合国は[16]を発表して日本に**無条件降伏**を求め、８月[17 ・]には**原爆**を投下し、ソ連も参戦した。この結果、日本は[16]を受諾し、15日の「[18]」で国民に敗戦が知らされた。

2 新たな国際秩序と冷戦の始まり

□ ①大戦後に発足した**国際連合**で、米英仏ソ中の五大国からなる常任理事国には、軍事力を行使できる**安全保障理事会**での〔19 〕が認められた。

□ ②1944年のブレトン＝ウッズ会議で**国際通貨基金**(**IMF**)と**国際復興開発銀行**(**IBRD**)が創設され、47年には〔20 〕(GATT)も成立した。

□ ③大戦後、アメリカ合衆国を中心とした西側陣営(**資本主義陣営**)とソ連を中心とした東側陣営(**社会主義陣営**)との間で、「〔21 〕」という武力をともなわない対立が続いた。

□ ④1947年にアメリカ合衆国は〔22 〕を発表して社会主義の**封じ込め**を開始し、ヨーロッパの復興と支援を目的に〔23 〕も発表した。これにソ連は〔24 〕を結成して対抗した。

□ ⑤1948年の〔25 〕でチェコが社会主義陣営に加わる一方、同年〔 24 〕から除名された**ユーゴスラヴィア**は、独自路線を歩んだ。

□ ⑥ドイツでは、ソ連が1948年に西ベルリンへの交通を遮断する〔26 〕を実施した。49年封鎖は解除されたが、〔27 〕(西ドイツ)と〔28 〕(東ドイツ)が成立し、分断は固定された。

□ ⑦1949年、〔 23 〕に対抗して東側諸国は経済相互援助会議(〔29 〕)を結成した。

3 アジア諸地域の独立

□ ①中国では**国共内戦**が再燃し、これに敗れた**蔣介石**は〔30 〕に逃れて中華民国政府を維持した。共産党は1949年に〔31 〕を主席に、周恩来を首相とする**中華人民共和国**の成立を宣言した。翌年、中国は〔32 〕に調印し、社会主義陣営に属する姿勢を明らかにした。

□ ②朝鮮では北緯〔33 〕を境界に、南北を米ソがそれぞれ管理下においた。1948年、南には〔34 〕を大統領とする**大韓民国**が、北には〔35 〕を首相とする**朝鮮民主主義人民共和国**が成立し、50年には〔36 〕が勃発した。この戦争は53年に休戦し、南北の分断は固定化された。

□ ③オランダ領東インドは、**インドネシア共和国**として独立し、〔37 〕が大統領に就任した。またフランス領インドシナでは、〔38 〕が**ベトナム民主共和国**の独立を宣言したが、フランスとの間に〔39 〕が勃発し、1954年の〔40 〕で南北に分断された。

□ ④南アジアでは、1947年に〔41 〕を首相とする**インド連邦**と、〔42 〕を総督とする**パキスタン**が、分離して独立を達成した。

□ ⑤**イラン**では1951年に〔43 〕首相が**石油の国有化**を宣言したが、対英関係の悪化をおそれる国王〔44 〕のクーデタで首相は追放された。また**パレスチナ**では、48年に〔45 〕が建国されるとアラブ諸国連盟との間に〔46 〕がおこり、多くの難民が生まれた。

《ステップ・アップ・テスト(文の正誤を○×で判定しよう)**》**

□ ①日本が英米に宣戦を布告すると、ソ連もただちに対日参戦に踏み切った。(16年追日A)

□ ②モサッデグ(モサデグ)が、イランで、鉄道国有化を行った。(19年追世B)

Summary 占領下の日本と経済復興

Point
- **❶占領下の日本における GHQ の政策と戦後処理**
- **❷新憲法の制定と占領政策の転換(非軍事化・民主化)**
- **❸朝鮮戦争、平和条約の締結、日米安保条約の締結**

1 占領下の政策

①敗戦処理

・1945年9月2日の降伏文書に調印
→**連合国(軍)最高司令官総司令部(GHQ)**が占領開始
→実質的にはアメリカ軍による単独占領
最高司令官**マッカーサー**のもと、**間接統治**の方式をとる

②占領政策

非軍事化政策		日本軍の武装解除→陸海軍解体、兵士の復員 **治安維持法**・特別高等警察の廃止、政治犯の釈放 ➡**人権指令** 戦犯容疑者の逮捕→**極東国際軍事裁判(東京裁判)** **公職追放令**：戦争協力者・職業軍人・国家主義者らを公職から追放
民主化政策	政治	選挙法改正→**女性参政権** **日本国憲法**の制定 民法：戸主の権限が強い家族制度廃止 刑法：皇室に対する不敬罪廃止 地方自治法の制定：都道府県知事の公選制
	経済	第1次、第2次**農地改革**の実施、**自作農創設特別措置法** **労働組合**の育成：**労働組合法・労働関係調整法・労働基準法**の制定 **財閥解体**：財閥の資産凍結、解体命令　**独占禁止法**：カルテルやトラスト禁止 **過度経済力集中排除法**：巨大独占企業を分割
	教育	**教育基本法**：男女共学、義務教育9年　**学校教育法**：6・3・3・4制 教育委員会制度やPTAの導入

③連合軍の日本管理機構図

極東委員会
構成：米英中ソなど11カ国
議長：アメリカ
本部：ワシントン

↓ 基本方針
米国政府
↓
連合国(軍)最高司令官総司令部(GHQ/SCAP)
最高司令官：**マッカーサー**

対日理事会
構成：米英中ソ
議長：アメリカ
本部：東京
（対日理事会→GHQ、GHQ→対日理事会：諮問）

↓ 指令・勧告
日本政府
↓ 実施
日本国民

④難航する復興

引揚げや復員による膨大な人の移動、物価上昇、深刻な物資不足、インフレの進行
・**買出し**や**闇市**の横行 ・**金融緊急措置令**(1946、預金封鎖) ・**傾斜生産方式**(鉄鋼・石炭)

2 日本国憲法の制定

GHQは**国民主権・象徴天皇制・戦争放棄**などを盛り込んだ新たな憲法草案を提示
→日本政府はこれをもとに帝国議会で審議、二院制(**衆議院**と**参議院**)とするなど追加修正
➡**日本国憲法**制定…**公布：1946年11月3日　施行：1947年5月3日**
【三大原理】**国民主権・戦争放棄・基本的人権の尊重**

3 占領政策の転換と日本の独立

①占領政策の転換

終戦直後の占領政策
①**非軍事化**　②**民主化**

【世界情勢】
東ヨーロッパ諸国：社会主義化
中国：国共内戦の再燃→共産党の勝利
ドイツ：東ドイツと西ドイツに分断
朝鮮半島：北…朝鮮民主主義人民共和国　南…大韓民国

↓

占領政策の転換	日本の占領政策を**民主化優先**から**経済復興優先**に転換 ⓐ経済復興：日本経済の早期再建・自立化 ・**ドッジ＝ライン**：超均衡予算の実施　・**単一為替レート**(1ドル＝**360**円) ⓑ政治の安定化:反共産化の防壁に…**レッド＝パージ**(共産主義者の公職追放)

②朝鮮戦争

朝鮮戦争 (1950～53)	北朝鮮が韓国に侵攻して**朝鮮戦争**勃発 ➡アメリカは韓国を支援して国連軍として参戦、危機感を強めた中国が**人民義勇軍**を派遣、ソ連も北朝鮮を支援 ・アメリカ軍による大量の軍需物資の調達 ➡日本経済に**特需景気**をもたらし、復興への足がかりに ・**マッカーサー**は治安維持のため、**警察予備隊**の創設を指示、のちに警察予備隊は拡張し、**保安隊**設置(1952)→**自衛隊**発足(1954)

③平和条約と安保条約の締結

サンフランシスコ平和条約(1951)	日本全権：**吉田茂**　48カ国と講和→連合国との戦争状態が正式に終結 【平和条約のおもな内容】 ⓐ日本の主権回復　ⓑ植民地の放棄 ⓒ**沖縄**(**南西諸島**)と**小笠原諸島**に対するアメリカの信託統治 ⓓ外国軍隊駐留の承認　ⓔ連合国側の賠償請求権の放棄 ⓕ**極東国際軍事裁判**の判決の受け入れ ❖講和会議には戦争でもっとも被害を受けた**中国**を代表する政府は招かれず、**ソ連**は参加したが、条約内容に反対して署名せず ➡日本は西側諸国だけとの講和(**単独講和**)によって独立を果たした
日米安全保障条約(1951)	平和条約とともに日米間で締結→講和後も引き続きアメリカ軍の日本駐留を認める→**日米行政協定**によりアメリカ軍の諸権利が定められる

4 資料

日米安全保障条約(1951年)

第1条　平和条約およびこの条約の効力発生と同時に、アメリカ合衆国の陸軍、空軍および海軍を日本国内およびその付近に配備する権利を、日本国は、許与し、アメリカ合衆国は、これを受諾する。この軍隊は、極東における国際の平和と安全の維持に寄与し、ならびに、1または2以上の外部の国による教唆または干渉によって引きおこされた日本国における大規模の内乱および騒じょうを鎮圧するため日本国政府の明示の要請に応じて与えられる援助を含めて、外部からの武力攻撃に対する日本国の安全に寄与するために使用することができる。（『日本外交主要文書・年表』）

解説 アメリカ軍駐留を合法化し、極東の有事と日本国内の内乱・騒擾を含む外国の対日攻撃の際のアメリカ軍出動を認めている。また、日本はアメリカ以外の外国の軍隊を駐屯させないと定められた。ただし、アメリカは日本の安全保障に対する義務を負ってはいない。

Speed Check!

占領下の日本と経済復興

☐

	日本国内の動き	欧米・アジアの動き
1945	降伏文書調印 〔a 〕 農地改革指令 〔b 〕法	国際連合発足
1946	公職追放令　日本国憲法公布	
1947	〔c 〕法 〔d 〕法 日本国憲法施行	トルーマン＝ドクトリン　マーシャル＝プラン コミンフォルムの設立
1948		大韓民国成立 朝鮮民主主義人民共和国成立
1949	〔e 〕 単一為替レート決定（1ドル＝360円）	北大西洋条約機構成立 ドイツ連邦共和国（西ドイツ）成立 中華人民共和国成立 ドイツ民主共和国（東ドイツ）成立
1950	〔f 〕新設　レッド＝パージ	朝鮮戦争勃発（～53）

1 占領下の政策

☐ ①1945年9月、アメリカ陸軍の〔1 〕を最高司令官とする〔2 〕が東京におかれ、最高司令官による**間接統治**がおこなわれた。連合軍の日本管理機構として、連合軍の最高機関である〔3 〕がワシントンに、最高司令官の諮問機関である〔4 〕が東京におかれた。

☐ ②1945年10月、〔 2 〕は、日本政府に対して、**治安維持法**や特別高等警察の廃止、政治犯の即時釈放を指令した（〔5 〕）。

☐ ③1946年5月、東京で連合国による〔6 〕（〔7 〕）が開廷した。東条英機以下7人の死刑を始めとして全員有罪の判決がくだされた。

☐ ④1946年に〔8 〕が出され、戦争協力者・職業軍人・国家主義者ら戦争に協力したとみられた人々が指導的地位から追放された。

☐ ⑤1945年に衆議院議員選挙法が改正され、〔9 〕が認められた。

☐ ⑥1946年には〔10 〕が制定され、47年には民法や刑法も改正された。

☐ ⑦寄生地主制が大量の小作農を生み、それが戦争の温床になったと考えられ、農村では、〔11 〕がおこなわれ、地主がもつ土地を小作人に安く売ることで、全国の耕地の約9割が自作地となった。1946年には、**自作農創設特別措置法**も出された。

☐ ⑧労働政策も推進され、1945年には〔12 〕が制定され、**労働組合**と労働運動が公認された。また、46年には〔13 〕が、47年には〔14 〕が制定され、労働者保護の労働三法が成立した。

☐ ⑨1945年、〔15 〕がおこなわれ、財閥の資産凍結や解体命令がなされた。

☐ ⑩1947年、〔16 〕によってカルテルやトラストが禁止され、**過度経済力集中排除法**によって巨大独占企業の分割もおこなわれた。

☐ ⑪アメリカから派遣された教育使節団の勧告で制定された〔17 〕、**学校教育法**により、国定教科書の廃止や生徒会の導入など教育内容の民主化がおこなわれた。

☐ ⑫都市部ではインフレの進行とともに深刻な食料難で生活が苦しくなり、農村への**買出し**か〔18 〕などで食料を獲得するしかなかった。政府は、〔19

]を出すなどしてインフレの抑制につとめる一方で、産業復興に必要な分野に資金と資材を優先的に配分する**傾斜生産方式**を導入した。

❷ 日本国憲法の制定

☐ ①GHQは民間の改正試案も参考に、**国民主権**・[20]・**戦争放棄**などを盛り込んだ憲法草案を新たに作成した。日本政府はこの案を受け入れ、国会を二院制(**衆議院**と**参議院**)にするなどの修正のうえで帝国議会に提出した。

☐ ②[21]・[22]・[23]をおもな原理とする**日本国憲法**は、**1946年11月3日**に公布され、**1947年5月3日**に施行された。

❸ 占領政策の転換と日本の独立

☐ ①アメリカは日本占領当初、その目的を[24]と[25]としていたが、朝鮮半島の政治的分断や中国での共産党の台頭が進むと占領政策を転換した。

☐ ②アメリカは日本の占領政策を**民主化優先**から[26]に転換した。日本の経済の早期再建・自立化を目的として、銀行家ドッジを日本に派遣し、超均衡予算の実施([27])を命じ、1ドル=**360**円の[28]を設定して日本の輸出促進をはかった。

☐ ③日本を反共産化の防壁とするために、共産党員やその同調者とみられた人々を解雇したり追放する[29]がおこなわれた。

☐ ④1950年、北朝鮮が韓国に侵攻して[30]が勃発した。アメリカは韓国を支援して国連軍として参戦し、中国は**人民義勇軍**を派遣、ソ連も北朝鮮を支援した。

☐ ⑤朝鮮戦争にともなうアメリカ軍による大量の軍需物資の調達は、日本経済に[31]をもたらし、復興への足がかりとなった。

☐ ⑥**マッカーサー**は日本の治安維持のため、[32]の創設を指示した。のちに[32]は拡張し、1952年に**保安隊**が設置され、54年に[33]が発足した。

☐ ⑦1951年、サンフランシスコ講和会議が開かれ、日本は**吉田茂**首相が全権となった。日本と連合国との講和条約である[34]が締結された。

☐ ⑧平和条約のおもな内容は、日本の主権回復、植民地の放棄、[35]と**小笠原諸島**に対するアメリカの信託統治、外国軍隊駐留の承認、連合国側の賠償請求権の放棄、**極東国際軍事裁判**の判決の受け入れだった。

☐ ⑨この会議には戦争でもっとも被害を受けた**中国**を代表する政府は招かれず、**ソ連**は参加したが、条約内容に反対して署名しなかった。日本は西側諸国だけとの[36]によって独立を果たした。

☐ ⑩サンフランシスコ平和条約と同時に、日米間で日本防衛のための[37]が調印された。また、この条約にもとづいて翌年には**日米行政協定**が結ばれた。

ステップ・アップ・テスト(文の正誤を○×で判定しよう)

☐ ①サンフランシスコ平和条約では,ソ連など社会主義諸国も含めた全面講和が実現した。(20年追日A)

☐ ②朝鮮戦争に参戦するため、追放を解除された旧軍人らを中心に保安隊が新設された。(12年本日B)

Summary 冷戦の展開と第三世界の形成

❶集団防衛体制の構築と核開発競争、米ソの対立から平和共存への推移
❷西ヨーロッパ諸国の経済復興とヨーロッパ統合への動き
❸第三世界の連携とアジア・アフリカ・ラテンアメリカ諸国の動向

1 米ソ両大国の対立と平和共存

①集団防衛体制の構築と核開発競争

集団防衛体制	合衆国：**北大西洋条約機構(NATO)**(1949)を中心に集団防衛体制を構築 …**米州機構(OAS)**：南北アメリカ大陸、**東南アジア条約機構(SEATO)** **バグダード条約機構(METO)**：西アジア、日米安全保障条約(1951) ソ連：**ワルシャワ条約機構**(1955)⇔西独の再軍備、NATO 加盟に対抗
核開発競争	ソ連原爆開発(1949)➡米：**水素爆弾**開発(1952)➡ソ連も水素爆弾開発 ❖ソ連の核保有→合衆国で共産主義者を攻撃する**「赤狩り」**の激化 ❖**第五福竜丸事件**：日本のマグロ漁船がビキニ環礁での核実験で被爆 ➡反核平和運動→米：原子力の平和利用提唱…原子力発電本格化

②米ソ両大国と平和共存

戦後のアメリカ	1950年代　原子力・航空機・コンピュータなどの技術革新→経済成長 軍需産業の存続➡**「軍産複合体」**の形成：政治的影響力を強める
ソ連の「雪どけ」	**スターリンの死**(1953)➡**フルシチョフ**：ジュネーヴ4巨頭会談へ出席 ➡**スターリン批判**(1956)：**平和共存**と緊張緩和→「雪どけ」の始まり ⇔**ポーランド**のポズナニで反ソ暴動→ポーランド指導部が事態収拾 **ハンガリー**反ソ暴動：ナジがソ連からの自立を求める➡ソ連の介入 中国：**毛沢東**が独裁体制→スターリン批判を契機に中ソ関係悪化 ❖ソ連：**スプートニク1号**の打ち上げ成功→宇宙開発で米に先行
米ソ関係の悪化	**「ベルリンの壁」**(1961)：東から西ベルリンへ市民の流出阻止

③西ヨーロッパの経済復興…経済再建を訴える諸勢力が政治の中心に登場

イギリス	**アトリー労働党**内閣…**重要産業の国有化**、社会福祉制度の充実 ❖**アイルランド**(エール)：アイルランド共和国(1949)→**イギリス連邦**離脱
フランス	**第四共和政**(1946)➡アルジェリア問題などで政権動揺➡**第五共和政**(1958) 大統領：**ド＝ゴール**…原爆開発(1960)、**アルジェリア**の独立承認(1962)、 **NATO の軍事部門から脱退**、モスクワ訪問(1966)→ソ連との関係改善
西ドイツ	**アデナウアー**首相(キリスト教民主同盟)…「経済の奇跡」、**NATO 加盟**実現
欧州統合	**ヨーロッパ経済協力機構**(OEEC)：マーシャル＝プランの受け皿として結成 **シューマン＝プラン**(1950)：フランス外相が石炭・鉄鋼の共同管理を提案 ➡**ヨーロッパ石炭鉄鋼共同体**(ECSC)(1952)：仏・西独・伊・ベネルクス3国 ➡**ヨーロッパ経済共同体**(EEC)、ヨーロッパ原子力共同体(EURATOM)(1958) ➡**ヨーロッパ共同体(EC)**(1967)：EEC・ECSC・EURATOM が統合 ➡イギリスやアイルランドの参加(1973)：拡大 EC ❖イギリス：1973年まではヨーロッパ自由貿易連合(**EFTA**)を結成して対抗

❷ 第三世界の連携と試練

①第三世界の連携：東西どちらの陣営にも属さないアジア・アフリカを中心とした国々

コロンボ会議	南アジア5カ国がアジア・アフリカ会議の開催など提案
ネルー・周恩来会談	**平和五原則**発表：領土保全と主権の尊重、平和共存など
アジア＝アフリカ会議	**インドネシア**のバンドンで開催(1955)、**平和十原則**採択
第1回**非同盟諸国首脳会議**	**ユーゴスラヴィア**のベオグラードで開催(1961)

②印パ戦争と中印国境紛争

印パ戦争	**インド＝パキスタン**戦争(2回)：**カシミール**地方の帰属をめぐる対立
中印国境紛争	インドと中国：**チベット**動乱で関係悪化➡カシミール国境をめぐり対立
	東パキスタン：第3次印パ戦争➡**バングラデシュ**として独立

③アフリカ諸国の独立

北アフリカ	**アルジェリア**：民族解放戦線(FLN)の独立戦争➡フランスから独立
サハラ以南	**ガーナ**：最初の黒人共和国(1957)…指導者：**エンクルマ(ンクルマ)**
「アフリカの年」	1960年：アフリカで**17**の新興独立国が生まれる
コンゴ動乱	経済的利権を求める**ベルギー**軍が介入して内戦に(1960)➡国連軍介入
アフリカ諸国首脳会議：アディスアベバで開催→**アフリカ統一機構**(**OAU**)(1963)結成	

④エジプトの台頭と中東戦争：ナセルが積極的中立政策を展開→アラブ民族主義の台頭

エジプト革命	**ナギブ**らが王政打倒(1952)→**ナセル**が共和国の大統領に就任(1954)
スエズ戦争 (第2次中東戦争)	ナセル：**スエズ運河の国有化**宣言➡英・仏・イスラエルがエジプトへ侵攻：**スエズ戦争**(1956)➡国際批判と米ソの警告で3国は撤退
	❖パレスチナ難民…**パレスチナ解放機構**(PLO)結成(1964)
第3次中東戦争	エジプト・シリアがイスラエルを攻撃(1967)➡イスラエルが**シナイ半島**・ヨルダン川西岸などに占領地拡大→アラブ民族主義は衰退へ

⑤ラテンアメリカ諸国とキューバ革命

米州機構(OAS)：合衆国主導でラテンアメリカの共同防衛・相互協力をはかる(1948)	
アルゼンチン	**ペロン**大統領…反米的な民族主義を掲げて社会改革を断行
グアテマラ	**左翼政権**の成立(1951)：土地改革に着手➡軍部クーデタで打倒(1954)
キューバ	**キューバ革命**(1959)：**カストロ**が親米的な**バティスタ**政権を打倒➡合衆国がキューバと断交➡キューバは**社会主義**を宣言(1961)

❸ 資料

平和五原則(1954年)

最近**中国とインドは一つの協定に達した。**この協定のなかで、両者は両国間の関係をみちびく若干の原則を規定した。これらの原則は、
1．領土・主権の相互の尊重　2．相互不可侵
3．相互の内政不干渉　4．平等互恵
5．平和共存　である。
……これらの原則が……一般国際関係に適用されるならば、……**現在存在している恐怖と疑いは信頼感によって取って代わられるであろう。**

(日本国際問題研究所中国部会編『新中国資料集成4』)

解説 この資料は、**中国首相の周恩来とインド首相のネルーが、1954年に発表した共同声明**を要約したものである。この声明は、欧米諸国の植民地政策を批判するとともに、複数の国家間の理想的な外交関係を示すことで、**米ソ間で展開されていた冷戦への批判**も含んでいることを読み取ってほしい。この五原則は、翌年の**アジア＝アフリカ会議での平和十原則**へと発展していくことになった。

Speed Check!

冷戦の展開と第三世界の形成

	欧米諸国の動き	アジア・アフリカの動き
1949	[a　　　　　　　](NATO)の成立	
1950	[b　　　　　　　]発表	
1952	→ヨーロッパ石炭鉄鋼共同体(ECSC)発足	[c　　　　　]革命…ナギブが王政打倒
1954	西ドイツのNATO加盟	[d　　　　　]事件…日本漁船の被爆
		[e　　　　　]会談：平和五原則
1955	[f　　　　　]：東側の軍事機構	[g　　　　　]会議→第三世界形成
	[h　　　　　]4巨頭会談	
1956	ソ連のフルシチョフ：[i　　　　　]	ナセルの[j　　　　　]宣言
	→ポーランド・ハンガリーで反ソ暴動	→[k　　　　　]戦争(第2次中東戦争)
1957	ソ連：[l　　　　　]打ち上げ	[m　　　　　]の独立：エンクルマの指導
1958	ヨーロッパ経済共同体(EEC)発足	
1959	フルシチョフの訪米実現	[n　　　　　]革命：カストロ政権
		[o　　　　　]紛争：カシミール国境での対立
1960		[p　　　　　]：アフリカ17カ国独立

❶ 米ソ両大国の対立と平和共存

① アメリカ合衆国は1949年に創設された[1　　　　　　](**NATO**)を中心に、南米で[2　　　　　](**OAS**)、東南アジアで[3　　　　　](**SEATO**)、中東で[4　　　　　](**METO**)と各地に集団防衛機構を構築した。これに対して東側諸国は、西ドイツの再軍備とNATO加盟をきっかけに55年に[5　　　　　]を結成した。

② 1949年に合衆国の核独占が崩れると、国内では「[6　　　　　]」という共産主義への攻撃がみられた。その後、合衆国が[7　　　　　]の開発を進めるなか、日本漁船が被災する[8　　　　　]がおこった。

③ 戦後も軍需産業が存続した合衆国では、「[9　　　　　]」が政治的影響力を強めた。一方ソ連では、**スターリンの死**後、共産党第一書記となった[10　　　　　]がジュネーヴ4巨頭会談に出席し、西側との対話路線に移行した。

④ 1956年に[10]は「[11　　　　　]」をおこない、**平和共存**と緊張緩和を表明した。これは東欧諸国に衝撃をあたえ、同年に[12　　　　　]では反ソ暴動がおこり、[13　　　　　]事件にはソ連が軍事介入した。また[11]をきっかけに、[14　　　　　]が独裁体制を築いた中国とソ連との関係が悪化した。

⑤ ソ連は1957年に人工衛星[15　　　　　]の打ち上げに成功し、宇宙開発で合衆国に先行した。1960年代に入ると米ソ関係は再び悪化し、西ベルリンへの市民の流出阻止を目的に築かれた「[16　　　　　]」は、冷戦の象徴となった。

⑥ イギリス首相となった**労働党**の[17　　　　　]は、**重要産業の国有化**を断行した。また共和国となった[18　　　　　]は、**イギリス連邦**を離脱した。

⑦ フランスでは1946年に[19　　　　　]が成立したが、アルジェリア問題などで政権は安定せず、58年に[20　　　　　]にかわった。大統領に就任した[21　　　　　]は、**アルジェリア**の独立を承認したほか、[22　　　　　]してモスクワを訪問するなど、ソ連との関係改善に努めた。

☐ ⑧西ドイツは[23　　　　　　　　　　]首相のもと経済復興と**NATO加盟**を実現した。

☐ ⑨1948年にマーシャル＝プランの受け皿として**ヨーロッパ経済協力機構**(OEEC)が結成された。その後50年の[24　　　　　　　　　　]の提案をもとに欧州統合の動きが進み、52年に**ヨーロッパ石炭鉄鋼共同体**(ECSC)が発足した。

☐ ⑩1958年に発足した**ヨーロッパ経済共同体**(EEC)が、EURATOM、ECSCと統合し、67年に[25　　　　　　　　　　](EC)が発足した。当初イギリスはこの動きに加わらずヨーロッパ自由貿易連合(EFTA)を結成したが、73年にECに加盟した。

2 第三世界の連携と試練

☐ ①1954年、中国の[26　　　　　　　　　　]首相はインドの[27　　　　　　　　　　]首相と会談し、平和共存などの[28　　　　　　　　　　]を発表した。翌年**インドネシア**で[29　　　　　　　　　　]が開かれ、**平和十原則**が採択された。また61年には**ユーゴスラヴィア**の呼びかけで、第1回[30　　　　　　　　　　]も開催された。

☐ ②[31　　　　　　　　　　]地方の帰属をめぐり、**インド**と**パキスタン**は2度にわたり戦った。また[32　　　　　　　　　　]動乱をきっかけに[33　　　　　　　　　　]がおこり、両国は[31]国境をめぐり対立した。さらに**東パキスタン**は、第3次印パ戦争を通じて[34　　　　　　　　　　]としてパキスタンから独立を達成した。

☐ ③1962年にフランスからの独立戦争を経て[35　　　　　　　　　　]が独立した。

☐ ④サハラ以南のアフリカでも独立運動が広がり、1957年には[36　　　　　　　　　　]の指導のもと、最初の黒人共和国として[37　　　　　　　　　　]が独立した。また60年は**17**の新興独立国が誕生したことから、「[38　　　　　　　　　　]」と呼ばれた。

☐ ⑤独立後のコンゴには**ベルギー**が干渉し、[39　　　　　　　　　　]を引きおこした。

☐ ⑥1963年にエチオピアのアディスアベバで開催されたアフリカ諸国首脳会議で[40　　　　　　　　　　](OAU)が結成され、アフリカ諸国の連帯がめざされた。

☐ ⑦エジプトでは1952年**ナギブ**らによって[41　　　　　　　　　　]がおこり、54年には[42　　　　　　　　　　]が大統領に就任した。[42]が[43　　　　　　　　　　]を宣言すると、英・仏・イスラエルが侵攻し、**スエズ戦争**が勃発した。その後、64年にパレスチナ難民の統合組織として**パレスチナ解放機構**(PLO)が結成された。

☐ ⑧1967年にエジプト・シリアは[44　　　　　　　　　　]をおこしたが、イスラエルは**シナイ半島**・ヨルダン川西岸地区・ガザ地区などに占領地を拡大し、これ以降アラブ民族主義は衰退に向かった。

☐ ⑨戦後のラテンアメリカ諸国は、アメリカ合衆国主導のもとで、共同防衛と相互協力をはかる[2](OAS)を結成したが、この地域では合衆国に反発する動きもみられた。[45　　　　　　　　　　]では、**ペロン**大統領が反米・民族主義を掲げ、1951年にはグアテマラに反米を掲げた**左翼政権**が成立したが、軍部クーデタにより倒された。

☐ ⑩1959年にキューバでは、民族主義者[46　　　　　　　　　　]が親米的な**バティスタ**政権を倒す[47　　　　　　　　　　]がおこり、61年には**社会主義**が宣言された。

ステップ・アップ・テスト(文の正誤を○×で判定しよう)

☐ ①ブレジネフが、ソ連共産党大会でスターリン批判を行った。(20年追世A)

☐ ②東パキスタンは、ネパールとして独立した。(20年追世A)

Summary 緊張緩和と冷戦構造のゆらぎ

Point
❶キューバ危機をきっかけとした核軍縮の進展と緊張緩和の動き
❷中ソ対立とプロレタリア文化大革命、ベトナム戦争とアメリカ合衆国の動向
❸開発独裁と新興工業経済地域、1960～70年代のアジア諸地域の経済発展

1 核戦争の恐怖から軍縮へ

①キューバ危機と核軍縮の動き

キューバ危機	ソ連：キューバにミサイル基地建設➡アメリカは撤去を要求して海上封鎖➡米ソ軍事衝突の危機：**キューバ危機**(1962) ➡米ソ首脳間の**ホットライン**(直通通信回線)が開設
核軍縮の進展	中国の核保有(1964)→核開発競争に歯止めをかけようとする気運 **部分的核実験禁止条約**(1963)：米英ソが地下を除く核実験を禁止 **核拡散防止条約**(1968)：62カ国調印➡米ソ間で**戦略兵器制限交渉**(SALT)開始➡現状の弾道ミサイルを上限とする協定(1972)

②西ドイツの東方外交：キューバ危機後、ヨーロッパで**緊張緩和**(**デタント**)の動き

西ドイツ	**ブラント**首相(社会民主党中心の連立政権)：**東方外交**の展開 東西両ドイツが相互承認(1972)➡東西ドイツの**国連同時加盟**(1973)

2 冷戦構造のゆらぎ

①中ソ対立と中国の混乱

「大躍進」運動	**毛沢東**による急激な社会主義建設…**人民公社**の設立➡生産の急減などを招いて失敗➡**劉少奇**・鄧小平の台頭：**計画経済**の見直し
プロレタリア文化大革命	毛沢東：劉少奇・**鄧小平**を資本主義復活をはかる修正主義者と非難 ➡全国に**プロレタリア文化大革命**の呼びかけ(1966) ➡**紅衛兵**：党幹部や知識人を追放➡劉少奇・鄧小平失脚
中ソ対立	毛沢東：ソ連の平和共存路線を批判➡ソ連：中国への**経済援助**停止 ➡**中ソ国境紛争**：国境をめぐる対立の発生(1969)

②ソ連：**フルシチョフ**の解任(1964)➡**ブレジネフ**第一書記：自由化の進展をおさえる

「プラハの春」	チェコスロヴァキアで民主化を求める国民運動が発生(1968)：**ドプチェク**が自由化推進➡ソ連の軍事介入で改革の動きは阻止

③ベトナム戦争とアメリカ合衆国

インドシナ戦争後	ベトナム：北(**ベトナム民主共和国**)と南(**ベトナム共和国**)に分断 …南：合衆国の支援⬌**南ベトナム解放民族戦線**：北と連携してゲリラ戦
ベトナム戦争	**ジョンソン**大統領：北への爆撃(**北爆**)と南へ地上兵力増派 =**ベトナム戦争**の開始(1965)⬌北にはソ連・中国の支援
アメリカの動揺	アメリカ国内：反戦運動と**キング牧師**を中心とした**公民権**運動の展開 …ヒッピーやロックなどの対抗文化(**カウンターカルチャー**)の拡大
ベトナム戦争の終結	**ベトナム(パリ)和平協定**(1973)…**ニクソン**大統領：米軍の撤退を実現 ➡北と南の内戦は継続：北ベトナムと解放戦線が**サイゴン**攻略(1975) ➡南北ベトナムの統一：**ベトナム社会主義共和国**の成立(1976)

ニクソン訪中	ニクソン大統領…中華人民共和国訪問(1972)：中国と関係正常化合意 ❖国際連合：中華民国にかわって中華人民共和国の代表権承認(1971)

③ アジア諸地域の経済発展と市場開放

①開発独裁とアジアの経済発展

開発独裁	強権支配により基本的人権を犠牲にして経済発展を優先させる政策 …外資を利用して繊維など労働集約型の工業製品を先進国に輸出 →反共の姿勢を明確にすることで、西側諸国から資金援助を受ける
新興工業経済地域(NIES)：1970年代から急速に工業化をとげた国や地域 …韓国・台湾・シンガポール・香港・メキシコなどからタイ・マレーシアなどに拡大 東南アジア諸国連合(ASEAN)(1967)：シンガポールなど5カ国が地域協力をめざす	

②1960～70年代のアジア諸地域

大韓民国	朴正熙：日韓基本条約(1965)…日本との国交正常化➡日本の経済援助 ベトナム派兵への見返りにアメリカ資本導入→重工業化実現
台湾	国民党の独裁：蔣介石・蔣経国のもとで輸出指向型工業化をめざす
マレーシア	マラヤ連邦がシンガポールなどと合体して成立(1963)➡中国系住民中心にシンガポールが分離独立(1965)：リー＝クアンユーの開発独裁 マレーシア：マハティール首相…日本・韓国をモデルに経済開発
インドネシア	九・三〇事件(1965)：軍部が実権掌握→共産党弾圧、スカルノ失脚 ➡スハルト大統領就任(1968)…工業化・近代化を推進
フィリピン	アメリカの支援を受けたマルコスが開発独裁下で経済開発政策を遂行
中国	周恩来・毛沢東の死(1976)：文化大革命の事実上終了➡鄧小平：農業・工業・国防・科学技術の「四つの現代化」など改革開放路線へ 日中平和友好条約締結(1978)→日本から中国へ政府開発援助(ODA)開始

④ 資料

中ソ友好同盟相互援助条約(1949年)

中華人民共和国とソヴィエト社会主義共和国連邦の間の友好と協力を強化し、日本帝国主義の再起、および日本の、あるいはいかなる形式にせよ侵略行為において**日本と結託するその他の国家による新たな侵略を共同で防止する決意**をもち、……極東と世界の恒久平和と普遍的安全を強固にしたいと念願し、あわせて中華人民共和国とソヴィエト社会主義共和国連邦の間の親善なる国の交わりと友誼(ゆうぎ)を強固にすることは、両国人民の根本的利益に合致すると深く信じる。

(歴史学研究会編『世界史史料11』)

ニクソン大統領訪中に関する米中共同コミュニケ(1972年)

アメリカ合衆国のリチャード＝ニクソン大統領は、中華人民共和国の周恩来総理のまねきにより、1972年2月21日から28日まで中華人民共和国を訪問した。……

合衆国側は、以下のように述べた。……合衆国は、インドシナ各国の民族自決という目標に沿うような形で、最終的に**すべての米軍を同地域から撤退させる**ことになるであろうことを強調した。……

中国と合衆国の間には、その社会体制と対外政策に本質的な相違が存在する。しかし、双方は、各国が、**社会体制のいかんにかかわらず、……平和共存の原則にのっとって、関係を処理すべき**であるという点で合意した。

(歴史学研究会編『世界史史料11』)

解説 上記2つの資料は、いずれも中華人民共和国の外交について述べたものである。建国当初の中国は、**日本を仮想敵国**として、ソ連と中ソ友好同盟相互援助条約を結んだ。しかし1950年代後半より中ソ対立が激化するなかで、中国はしだいにアメリカ合衆国に接近し、1972年にはニクソン訪中が実現し、両国は政治・経済体制の違いを乗り越えて「平和共存の原則」にたつ国交を樹立した。この資料からは、**ベトナム戦争でのベトナムからの米軍の撤退**が、両国の国交回復の条件となっていることがわかる。

緊張緩和と冷戦構造のゆらぎ

Speed Check!

	欧米諸国の動き	アジア諸地域の動き
1962	〔a　　　〕の発生	
1963	〔b　　　〕調印(米英ソ)	
1965	アメリカ軍がベトナム民主共和国への爆撃(北爆)開始→〔c　　　〕本格化	
		〔d　　　〕→日韓の国交回復
		マレーシアから〔e　　　〕独立
		インドネシア：軍部が実権掌握
1966		中国で〔f　　　〕開始
1967	ヨーロッパ共同体(EC)発足	〔g　　　〕(ASEAN)結成
1968	〔h　　　〕自由化(プラハの春)	インドネシア：〔i　　　〕大統領就任
	〔j　　　〕調印	
1969	西独ブラント首相就任→〔k　　　〕外交	中ソ〔l　　　〕の発生
1972	〔m　　　〕大統領が中華人民共和国訪問(訪中)	
1973	〔n　　　〕調印→アメリカ軍がベトナムから撤退	
	東西ドイツの〔o　　　〕実現	

1 核戦争の恐怖から軍縮へ

①1962年、ソ連のミサイル基地をめぐり〔1　　　〕が発生した。危機回避後、米ソ首脳の間には〔2　　　〕(直通通信回線)が開通した。

②〔1〕後には核軍縮が進展し、1963年には米英ソ間で〔3　　　〕が結ばれた。また68年には米ソなど5カ国以外の核保有を禁じた〔4　　　〕が調印された。さらに米ソ間では**戦略兵器制限交渉**(SALT)も開始され、72年には現状の弾道ミサイルを上限とする協定も結ばれた。

③キューバ危機後、ヨーロッパでは**緊張緩和(デタント)**の動きが進んだ。西ドイツでは社会民主党の**ブラント**首相が〔5　　　〕を展開し、1972年に東西ドイツは相互承認を果たし、73年に〔6　　　〕を実現した。

2 冷戦構造のゆらぎ

①1958年、中国では〔7　　　〕が、**人民公社**を中心に急激な社会主義建設をめざす「〔8　　　〕」運動を指示したが、多くの犠牲をだして失敗した。そのため、翌年には毛沢東にかわって〔9　　　〕が国家主席につき、**計画経済**を見直した。

②1966年に毛沢東は、〔9〕や〔10　　　〕らを資本主義の復活をはかる修正主義者と非難して〔11　　　〕を呼びかけた。これに呼応した〔12　　　〕は党幹部らを追放し、〔9〕と〔10〕も失脚した。

③この頃毛沢東がソ連の平和共存路線を批判したことで〔13　　　〕がおこり、ソ連は中国への**経済援助**を停止した。この対立は**中ソ国境紛争**にまで発展した。

④ソ連では**フルシチョフ**の解任後、〔14　　　〕第一書記により自由化の進展がおさえられた。ソ連は、1968年にチェコスロヴァキアで**ドプチェク**らが民主化を求めておこした「〔15　　　〕」にも軍事介入し、改革の動きを封じた。

⑤インドシナ戦争後、南にアメリカ合衆国の支援をえた**ベトナム共和国**が成立すると、**ベトナム民主共和国**と連携した〔16　　　〕がゲリラ戦を展開した。

☐ ⑥1965年にアメリカ大統領の[17]は、[18](北への爆撃)や南への地上兵力増派をおこない[19]が始まった。

☐ ⑦[19]のさなか、アメリカ国内では反戦運動とともに**キング牧師**を中心とした[20]運動が高まりをみせた。またこうした運動は、ヒッピーやロックなどの[21](対抗文化)の広がりをともなっていた。

☐ ⑧1973年にアメリカ大統領の[22]は[23]に調印し、アメリカ軍のベトナムからの撤退を実現した。その後もベトナムでは南北間の内戦が継続したが、75年に南の拠点である[24]が北ベトナム軍と[16]に攻略されて統一が実現し、76年には**ベトナム社会主義共和国**が成立した。

☐ ⑨国際連合は、1971年に**中華民国**にかわって[25]の代表権を承認した。その翌年[22]は、[25]の訪問(**ニクソン訪中**)を実現した。

3 アジア諸地域の経済発展と市場開放

☐ ①アジアには、強権支配により基本的人権を犠牲にして工業化を強行する[26]のもと反共の姿勢を示し、西側諸国の資金援助を受ける国が多くみられた。

☐ ②1970年代から急速に工業化をとげた国や地域を[27](NIES)といい、韓国・台湾・香港などからタイ・マレーシアへと拡大していった。

☐ ③1967年にシンガポール・タイなど東南アジア5カ国は[28](ASEAN)を結成し、域内の協力を進め、東南アジアの自立性を高めていった。

☐ ④大韓民国で1961年のクーデタによって権力を掌握した[29]は、65年の[30]の締結後、日本からの経済援助を受けるとともに、[19]派兵の見返りとしてアメリカ資本を導入し、重化学工業化を達成した。また国民党独裁下の台湾では、蔣介石・蔣経国が[31]工業化をめざした。

☐ ⑤1963年に**マラヤ連邦**が[32]などと合体して[33]が成立したが、65年に中国系住民を中心に[32]が分離独立を達成した。その後[32]は、[34]首相のもとで工業化を進め、[33]でも[35]首相が経済優先政策を推進した。

☐ ⑥インドネシアでは、1965年の九・三〇事件をきっかけに軍部が実権を握り、**スカルノ**は失脚した。その後68年に大統領に就任した[36]のもとで工業化が推進された。

☐ ⑦フィリピンでもアメリカの支援を受けた**マルコス**が[26]を進めた。

☐ ⑧中国では**周恩来**・[7]があいついで死去すると、[11]は事実上終了した。1978年に実権を握った[10]は、農業・工業・国防・科学技術の「[37]」を推進し、その後は**改革開放**路線へと転換した。

☐ ⑨1972年の日中国交正常化を受けて、78年には[38]が結ばれ、翌年には日本から中国への**政府開発援助**(ODA)も開始された。

ステップ・アップ・テスト(文の正誤を○×で判定しよう)

☐ ①米仏ソ3か国の間で、部分的核実験禁止条約が結ばれた。(20年追世B)

☐ ②ベトナムでは、民主化運動によって、マルコス政権が打倒された。(17年追世A)

Summary 冷戦下の日本と高度経済成長、世界経済の転換

Point
❶55年体制の成立、国際社会への復帰と日ソ国交回復、韓国・中国との国交正常化
❷高度経済成長、高度経済成長がもたらした社会の変化と公害
❸ドル＝ショック、2度の石油危機、プラザ合意とバブル経済の崩壊

戦後の日本	
1951	**サンフランシスコ平和条約** **日米安全保障条約**
1952	日米行政協定　破壊活動防止法 警察予備隊を保安隊と改称
1954	自衛隊発足
1955	自由民主党結成　社会党再統一 ➡**55年体制**の始まり
1956	**日ソ共同宣言**　**国連加盟**
1960	**日米相互協力及び安全保障条約** **(新安保条約)** **国民所得倍増計画**決定
1964	東京オリンピック開催
1965	**日韓基本条約**
1968	小笠原諸島、日本復帰
1972	**沖縄**、日本復帰　**日中共同声明**
1973	**第１次石油危機**
1978	**日中平和友好条約**
1979	**第２次石油危機**
1989	昭和天皇死去　平成と改元
1992	**PKO 協力法**成立 →自衛隊海外派遣
1993	非自民８党派の細川護熙内閣成立 ➡**55年体制の崩壊**
1995	**阪神・淡路大震災**
1999	新ガイドライン関連法成立
2004	イラクへ自衛隊派遣
2011	**東日本大震災**

❶ 55年体制成立と国際社会への復帰

革新：**日本社会党**(社会党)
保守：**自由民主党**(自民党)
　➡**55年体制**(1955～93)
…争点は安全保障・憲法解釈・社会保障
・**鳩山一郎**内閣(在任1954～56)
　日ソ共同宣言に署名→**国際連合**に加盟
・**岸信介**内閣(在任1957～60)
　日米相互協力及び安全保障条約(新安保条約)を締結➡**安保闘争**がおきる
・**池田勇人**内閣(1960～64)
　「国民所得倍増計画」➡**高度経済成長**を促進
・**佐藤栄作**内閣(在任1964～72)
　日韓基本条約締結→韓国と国交正常化
　沖縄返還協定(1971)→返還(1972)
　非核三原則の尊重
・**田中角栄**内閣(在任1972～74)
　日中共同声明(1972)
　　→中華人民共和国と国交正常化
　　➡**日中平和友好条約**締結(1978)

❷ 高度経済成長

①高度経済成長期

【背景】**朝鮮戦争**→**特需景気**(武器や弾薬の製造、自動車や機械の修理など)
　「もはや戦後ではない」(1956、経済企画庁『経済白書』)
【結果】資本主義国のなかで世界第2位の国民総生産を達成(1968)
　石炭から**石油**へのエネルギー転換(**エネルギー革命**)

②大衆消費社会の誕生

核家族の増加：夫婦と子どもだけの世帯が増え、消費拡大に
「三種の神器」：**電気洗濯機**・**白黒テレビ**・**電気冷蔵庫**(1950年代前半)
　→**「新三種の神器」**(３C)：**自動車**・**カラーテレビ**・**クーラー**(1960年代後半)

③高度経済成長のひずみ

【過疎と過密】農山漁村→**過疎化**によって地域社会の生産活動や社会活動に大きな打撃
大都市圏→**過密化**による公共交通の混雑、交通渋滞、大気汚染など
【四大公害】ⓐ**水俣病**(熊本県水俣市)　ⓑ**四日市ぜんそく**(三重県四日市市)
ⓒ**イタイイタイ病**(富山県神通(じんづう)川流域)　ⓓ**新潟水俣病**(新潟県阿賀野川流域)
【公害対策】**公害対策基本法**の制定(1967)、**環境庁**の発足(1971)

3 世界経済の転換

ドル＝ショック	アメリカ：**ベトナム戦争**で膨大な支出、金の保有量減→経済力の大きな低下➡ニクソン大統領：**ドルと金の交換停止**を発表(1971) ➡主要国では**固定相場制**から**変動相場制**へ移行(1973)
第1次石油危機	**第4次中東戦争**(1973)→**アラブ石油輸出国機構(OAPEC)**：イスラエル支援国に原油輸出停止、石油輸出国機構(OPEC)：原油大幅値上げ ➡先進工業国の経済に大きな打撃
第2次石油危機	**イラン＝イスラーム革命**(1979)→原油価格高騰→産業構造の転換(省エネルギー化)
石油危機後の先進工業国	**福祉国家**政策→石油危機による「福祉国家の危機」 ➡**新自由主義**：国家の市場介入や公共サービスの縮小、民営化の推進→財政を削減して**「小さな政府」**をめざす 英：**サッチャー**政権　米：**レーガン**政権　日本：**中曽根康弘**政権

4 国際社会のなかの日本

国際的地位の向上	石油危機→企業の「減量経営」や省エネルギー技術の革新→欧米向け自動車や電子機器の輸出増➡「経済大国」：世界最大の債権国に(1985)→輸出の増大→欧米諸国との間での**貿易摩擦** **政府開発援助(ODA)**供与額が世界最大規模に **プラザ合意**(1985)：貿易黒字の解消のため、為替レートを調整
バブル経済の崩壊	バブル経済(1986～91)：円高による不況に対して大幅な低金利政策→地価や株価が実態とかけ離れて高騰→1990年代初め「バブル経済」が崩壊、地価や株価が急落→「失われた20年」と呼ばれる低成長の時代に
55年体制の崩壊	保守長期政権下での金権政治・汚職問題→非自民8党派の細川護熙(もりひろ)内閣成立(1993)＝55年体制の崩壊
21世紀の政治	小泉純一郎内閣：特殊法人・郵政の民営化と規制緩和→所得格差や地域格差拡大を招いたとの批判も

5 資料

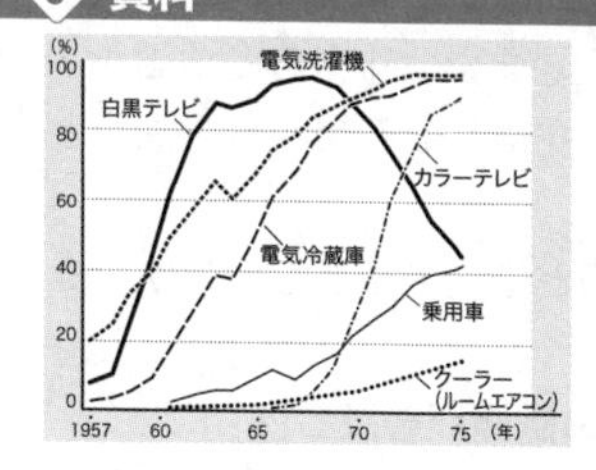

耐久消費財の普及率の推移(内閣府「消費動向調査」より作成)

解説 電気洗濯機・白黒テレビ・電気冷蔵庫の「三種の神器」は1955～65年に急速に普及し、自動車(カー)・カラーテレビ・クーラーの「新三種の神器」は1960年代後半に普及した。自動車は55年に通産省(現、経済産業省)が「国民車構想」を打ち出したことによって、58年に「スバル360」が登場した。

DAY 19

冷戦下の日本と高度経済成長、世界経済の転換

Speed Check!

1951	[a]条約 [b]条約
1954	自衛隊発足
1955	自由民主党結成　社会党再統一 ➡[c]の始まり
1956	[d]宣言　国連加盟
1960	日米相互協力及び安全保障条約(新安保条約)
1964	東京オリンピック開催
1965	[e]条約
1968	小笠原諸島、日本復帰
1972	沖縄、日本復帰　[f]声明
1973	第1次石油危機
1978	[g]条約
1979	第2次石油危機
1985	[h]→「バブル経済」へ
1992	[i]成立 →自衛隊カンボジア派遣
1993	非自民8党派の細川護熙内閣成立 ➡[c]の崩壊
1995	[j]大震災
2004	イラクへ自衛隊派遣
2011	[k]大震災

1 55年体制成立と国際社会への復帰

①1955年、分裂していた[1]が統一された。保守政党も合同して[2]となった。この保守と革新の政治体制を[3]という。

②1956年、**鳩山一郎**内閣は、[4]に署名してソ連と国交を回復した。これにより、日本の**国際連合**の加盟が実現した。

③**岸信介**内閣は、安保条約改定をはかり、日米関係をより対等なものにすることをめざし、1960年に[5](新安保条約)を調印した。しかし、条約承認を国会で強行採決したため、批准に反対する**安保闘争**が全国でおこった。

④岸信介内閣の後継、**池田勇人**内閣は、革新勢力との対立を避けながら、**「国民所得倍増計画」**のもと、日本の[6]を促進させた。

⑤**佐藤栄作**内閣は1965年、大韓民国との間に[7]を成立させ、国交を正常化した。また、アメリカ合衆国のニクソン大統領と会談し、日本政府による核政策(「核兵器をもたず、つくらず、もち込ませず」という**非核三原則**)の尊重や沖縄返還などを盛り込んだ共同声明を発表した。

⑥1971年に[8]が調印され、翌年に**沖縄**の日本復帰が実現した。

⑦1972年、**田中角栄**首相は大統領に続いて訪中し、[9]により日中国交正常化を発表した。また78年には[10]が締結された。

2 高度経済成長

①1950年の**朝鮮戦争**にともなう武器や弾薬の製造、自動車や機械の修理、対米輸出の拡大などの[11]により、日本経済は活気を取り戻した。

②1956年度の『経済白書』が「[12]」と記したように、日本経済は戦後復興を終え、技術革新による経済成長の時期に入った。また、中東の産油国からの安価な原油の輸入によって、[13]と呼ばれる石炭から**石油**へとエネルギー源が転換した。

③高度経済成長の消費拡大に繋がった1つの背景として、夫婦と未婚の子どものみからなる[14]化が進んだこともあげられる。

④高度経済成長期前半には、**電気洗濯機・白黒テレビ・電気冷蔵庫**が普及し「[15

]」と呼ばれた。また、高度経済成長後半になると、[16　　　]・[17　　　]・[18　　　]などの「**新三種の神器**」と呼ばれる高価格の耐久消費材が消費の中心となった。

☐ ⑤大都市圏では人口が集中する**過密化**が進むなか、農村・山村・漁村では[19　　　]によって人口の高齢化が進み、生産活動や社会生活に支障をきたすようになっていった。

☐ ⑥大気汚染や水質汚濁、騒音などの公害問題が深刻化するなか、1960年代後半には公害反対の住民運動がおこり、[20　　　](熊本県水俣市)、[21　　　](三重県四日市市)、[22　　　](富山県神通川流域)、[23　　　](新潟県阿賀野川流域)をめぐる裁判(四大公害訴訟)が始まり、1973年までにいずれも被害者側が勝訴した。

☐ ⑦政府の公害対策として、1967年に[24　　　]を制定し、71年には**環境庁**が発足した。

3 世界経済の転換

☐ ①アメリカ合衆国では、[25　　　]の戦費を原因として金保有量が減少し、経済力は大きく低下した。1971年にニクソン大統領は**ドルと金の交換停止**を発表した。この[26　　　]をきっかけに、西側諸国では、73年に**固定相場制**から[27　　　]へ移行した。

☐ ②1973年にエジプトとシリアがイスラエルを攻め、[28　　　]がおきると、[29　　　](OAPEC)の加盟国は、イスラエルを支援する国に対して原油輸出を停止したため、[30　　　]がおこった。

☐ ③1979年に**イラン=イスラーム革命**がおこると、アメリカとイランが対立して原油価格が高騰し、[31　　　]がおこった。この結果、世界では省エネルギー化が強く求められるようになった。

☐ ④大戦後から1970年代まで西側諸国では**福祉国家**政策が強化されたが、80年代になると、アメリカの[32　　　]政権やイギリスの[33　　　]政権、日本の**中曽根康弘**政権など「**小さな政府**」をめざした[34　　　]が登場した。

4 国際社会のなかの日本

☐ ①石油危機後、企業の「減量経営」や省エネルギー技術の革新によって日本の貿易黒字は大幅に拡大したが、欧米諸国との間に[35　　　]を引きおこした。

☐ ②「経済大国」となった日本は途上国に対する[36　　　](ODA)を増加させ、1989年には世界一の実績額となった。

☐ ③貿易赤字に苦しむアメリカのドル高を協調介入で是正することに合意した[37　　　]により、急速な円高に進んだ日本は、円高による不況に対して大幅な低金利政策をとり、地価や株価が実態とかけ離れて高騰するいわゆる「**バブル経済**」が発生した。

ステップ・アップ・テスト(文の正誤を○×で判定しよう)

☐ ①岸信介内閣が調印した日米相互協力及び安全保障条約は、大規模な反対運動にかかわらず発効した。(16年追日A)

☐ ②四大公害の1つであるイタイイタイ病は、光化学スモッグが原因となって、首都圏で発生した。(19年追日A)

冷戦の終結と国際社会の変容

Point
❶冷戦終結にいたる米ソの動きとソ連の崩壊、経済のグローバル化
❷ラテンアメリカ、アジア諸国、南アフリカにおける民主化への動き
❸パレスチナ問題と同時多発テロ事件後の西アジアの動向、排外主義の台頭

1 冷戦の終結

①冷戦の終結と国際情勢

ソ連の行き詰まり	ソ連が社会主義政権救援のためにアフガニスタンへ軍事介入(1979) ⇔レーガン大統領(米):戦略防衛構想を打ち出し対ソ対決路線へ転換 ゴルバチョフ:ソ連の書記長就任(1985)➡**チョルノービリ原発事故** →**グラスノスチ**(**情報公開**)をもとにペレストロイカ(建て直し)推進
新思考外交	合衆国との協調路線:**新思考外交**➡レーガンも対話重視へ転換 中距離核戦力(INF)全廃条約(1987)➡ソ連がアフガニスタンから撤退
東欧革命	ゴルバチョフ:東欧社会主義圏への内政干渉を否定➡東欧革命(1989) →**ポーランド**:自主管理労組「連帯」が選挙で勝利➡非共産党系政権 東ドイツ:ベルリンの壁の開放➡東西ドイツの統一へ(1990) ルーマニア:チャウシェスク独裁政権の崩壊➡処刑
冷戦の終結	マルタ会談:ブッシュとゴルバチョフが**冷戦終結**宣言(1989)
イラン=イスラーム革命 湾岸戦争	1960年代のイラン:**パフレヴィー2世**の近代化政策で貧富の差が拡大 ⇔宗教指導者**ホメイニ**を中心にイラン=イスラーム共和国建設(1979) イラク:フセイン大統領就任(1979)➡イラン=イラク戦争(1980~88) ➡イラクのクウェート侵攻(1990)➡湾岸戦争(1991):多国籍軍の攻撃

②ソ連の崩壊

ソ連崩壊	ソ連:大統領制の導入(1990)…初代大統領にゴルバチョフ就任 …資本主義の部分的導入→極端な物不足と経済混乱、民族紛争の表面化 ⇔ソ連共産党保守派のゴルバチョフに対するクーデタ失敗(1991) ➡ロシア連邦中心に独立国家共同体(**CIS**)の結成(1991):ソ連の消滅
ユーゴスラヴィア紛争	**クロアティア・スロヴェニア**が独立宣言(1991)➡セルビアとの内戦 **ボスニア=ヘルツェゴヴィナ**内戦(1992~95):民間人に多くの犠牲者 コソヴォ内戦➡セルビアへの**NATO軍の空爆**(1999)➡コソヴォの独立

③経済のグローバル化

経済のグローバル化	インターネットや携帯電話普及→企業活動のグローバリゼーション ➡2008年秋に国際金融危機(リーマン=ショック)の発生
地域統合	EC諸国:マーストリヒト条約発効→ヨーロッパ連合(**EU**)発足(1993) ➡ユーロの発行(1999)➡ギリシアの国債暴落→ユーロ危機(2009) 合衆国・カナダ・メキシコ間で北米自由貿易協定(NAFTA)発足(1994) ➡アメリカ=メキシコ=カナダ協定(USMCA)発効(2020)

② 開発途上国の民主化と現代の課題

①ラテンアメリカ…1980年代に軍事独裁政権が倒され、民政への移管が実現

アルゼンチン	イギリスとの**フォークランド戦争**に敗北(1982)➡軍部政権打倒(1983)
チリ	**アジェンデ**左翼連合政権を**ピノチェト**が軍部クーデタで打倒(1973) ➡経済危機を契機に軍部への批判高まる➡国民投票を経て民政へ(1990)

②東南アジアとインド

フィリピン	マルコス政権が民衆運動により打倒➡アキノ大統領誕生(1986)
ベトナム	「**ドイモイ**(刷新)」政策:ゆるやかな市場開放→経済状況の好転
カンボジア	民主カンプチアのポル=ポト(1975):共産主義社会建設→反対派を処刑 ➡ベトナムの介入→内戦➡**カンボジア王国**成立:**シハヌーク**国王(1993)
ミャンマー	軍部独裁➡民政へ移行:**アウン=サン=スー=チー**の改革➡再び軍政へ
インドネシア	**アジア通貨危機**(1997)→**スハルト**政権打倒➡民政へ移管(1998)
インド	1990年代 経済の自由化→国民会議派と**インド人民党**が政権交代繰り返す

③東アジア諸国、南アフリカの民主化

大韓民国	朴正熙暗殺(1979)➡**光州事件**:民主化運動を軍部が弾圧→独裁の継続 冷戦終結後:ソ連と国交正常化➡北朝鮮と国連同時加盟実現(1991) ➡**金大中**:北朝鮮の金正日との**南北首脳会談**実現(2000)
台湾	**李登輝**総統(国民党):民主化の推進➡**陳水扁**:国民党以外の総統誕生
中国	**鄧小平**:社会主義市場経済化…**人民公社**解体、**改革開放**路線の推進 **天安門事件**(1989):民主化要求運動を政府が弾圧→国際的批判を浴びる イギリスから**香港**返還を実現(1997):**「一国二制度」**方式の採用
南アフリカ	**アパルトヘイト**政策:人種隔離政策⬌**アフリカ民族会議**(ANC)の抵抗 ➡デクラーク政権:差別法全廃(1991)➡**マンデラ**大統領の誕生(1994)

④地域紛争の激化

パレスチナ問題	パレスチナ:**インティファーダ**と呼ばれるイスラエルへの抵抗が拡大 **イスラエル**(ラビン首相)と**PLO**(アラファト議長):**パレスチナ暫定自治協定**に合意(1993)➡イスラエルがパレスチナ自治区との間に分離壁建設
同時多発テロ事件	湾岸戦争後…イスラーム急進派のなかでの反米感情の高まり 米:**同時多発テロ事件**の発生(2001)➡**ブッシュ**大統領:**対テロ戦争** →アフガニスタンに軍事行動をおこして**ターリバーン**政権を打倒
イラク戦争	フセイン打倒を目的に米がイラクを攻撃(2003)➡**フセイン**政権の崩壊
「アラブの春」	2010年末　**チュニジア**の民主化運動➡エジプトなどの独裁政権打倒 シリア内戦→多数の難民発生、「IS(イスラム国)」の出現(2014)
アフリカの紛争	1990年代　ソマリア・ルワンダ内戦、2000代初　ダルフール(スーダン)紛争 ❖**アフリカ連合**(**AU**)(2002):アフリカ統一機構よりも地域連携を強化

⑤排外主義の台頭

2014~ シリア・アフガニスタンなどからヨーロッパへ難民急増→**排外主義**の高まり	
ヨーロッパ	フランス:国民戦線台頭…移民排斥を主張、**イギリス**が**EUから離脱**(2020)
合衆国	**トランプ**大統領:「アメリカ=ファースト」→メキシコからの不法移民排斥

Speed Check! 冷戦の終結と国際社会の変容

	欧米諸国の動き	アジア・アフリカの動き
1980		[a　　　　　　]戦争(80～88)
	英：[b　　　　　　]戦争(82)	
	ソ：ゴルバチョフ書記長就任(85)	中：人民公社解体(85)
	[c　　　　　　]原発事故(86)	フィリピンで[d　　　　　　]政権打倒(86)
	米ソが[e　　　　　　]全廃条約調印(87)	
	東欧革命→米ソが[f　　　　　　]宣言(89)	中：[g　　　　　　]事件(89)
1990	東西ドイツの統一(90)	イラクの[h　　　　　　]侵攻(90)
	[i　　　　　　]の消滅→CIS結成(91)	[j　　　　　　]戦争(91)…イラクの敗北
	ボスニア＝ヘルツェゴヴィナ内戦(92～95)	
	[k　　　　　　](92)→EU発足	イスラエル・PLO[l　　　　　　]協定(93)
	北米3国[m　　　　　　](94)	南アフリカ：[n　　　　　　]大統領就任(94)
	コソヴォ内戦→NATO軍セルビア空爆(99)	アジア通貨危機、英[o　　　　　　]を中国に返還(97)
2000		朝鮮：[p　　　　　　]会談実現(00)
	米：[q　　　　　　]事件発生(01)→対テロ戦争開始	
	米：[r　　　　　　]戦争開始(03)→イラク：[s　　　　　　]政権崩壊	

1 冷戦の終結

①1979年にソ連が社会主義政権支援を目的に[1　　　　　　]に侵攻すると、アメリカ合衆国の[2　　　　　　]大統領は対ソ対決路線へと転換した。

②1985年にソ連の書記長に就任した[3　　　　　　]は、86年の**チョルノービリ原発事故**をきっかけに、**グラスノスチ(情報公開)**をもとに[4　　　　　　]と呼ばれる改革を提唱し、**新思考外交**という合衆国との協調外交を進めた。

③合衆国の[2]も対話路線に転じ、1987年には米ソ間で[5　　　　　　](INF)全廃条約が結ばれ、89年にはソ連軍の[1]からの撤退も実現した。

④ソ連の干渉が弱まった東欧では、**ポーランド**で非共産党系の政権が成立し、東ドイツでは[6　　　　　　]が開放され、1990年には東西ドイツの統一が実現した。またルーマニアでは[7　　　　　　]が処刑され、独裁が倒れた。

⑤1989年の[8　　　　　　]で[3]とブッシュは**冷戦終結**を宣言した。

⑥1960年代に**パフレヴィー2世**が近代化政策を強行していたイランでは、1979年の[9　　　　　　]で**ホメイニ**を中心とする共和国が成立した。

⑦1979年にイラクの大統領となった[10　　　　　　]は、国境紛争を理由に[11　　　　　　]をおこし、さらに90年には隣国[12　　　　　　]に侵攻したが、91年の[13　　　　　　]に敗北して撤退した。

⑧冷戦終結後、ソ連では大統領制が導入され、初代大統領に[3]が就任した。しかしソ連の急速な改革は保守派のクーデタをまねき、1991年にソ連共産党は解散、その後[14　　　　　　](CIS)が結成され、ソ連は消滅した。

⑨冷戦後の[15　　　　　　]は、**クロアティア・スロヴェニア**の独立宣言後の内戦や、**ボスニア＝ヘルツェゴヴィナ**内戦を通じて連邦の解体が進行した。また1997年からの[16　　　　　　]内戦ではセルビアへ**NATO軍の空爆**もおこなわれた。

⑩EC諸国は1992年に[17　　　　　　]を結び、翌年[18

］(EU)が発足し、共通通貨ユーロも発行されたが、2009年にはギリシア国債の暴落をきっかけに［[19]　　　　　］と呼ばれる経済不安が広がった。

2 開発途上国の民主化と現代の課題

☐ ①**アルゼンチン**では、1982年にイギリスとの［[20]　　　　　］に敗北したのち、軍部政権が打倒された。また**チリ**では73年に［[21]　　　　　］左翼連合政権が倒れ、**ピノチェト**が独裁を続けたが、国民投票を経て90年に民政へ移管した。

☐ ②**ベトナム**は、「［[22]　　　　　］」政策でゆるやかな市場開放に向かった。

☐ ③**カンボジア**では、ベトナム軍介入をきっかけに内戦が続いたが、1993年に［[23]　　　　　］を国王とする**カンボジア王国**が成立した。また**ミャンマー**では2011年から［[24]　　　　　］が改革を進めたが、再び軍政に戻った。

☐ ④**インドネシア**では**アジア通貨危機**を契機に独裁に対する民衆の不満が高まり、1998年［[25]　　　　　］政権が倒れて民政に移管した。また1990年代に経済が自由化されたインドでは、国民会議派と［[26]　　　　　］が政権交代を繰り返した。

☐ ⑤大韓民国では1980年の［[27]　　　　　］後も独裁が継続したが、92年の文民政権への移行後、2000年に［[28]　　　　　］大統領は**南北首脳会談**を実現した。

☐ ⑥**台湾**では1988年に総統となった［[29]　　　　　］のもとで民主化が推進され、2000年の総統選挙では、はじめて国民党に属さない［[30]　　　　　］が当選した。

☐ ⑦中国では1981年に成立した［[31]　　　　　］を中心とした指導部のもとで社会主義市場経済化が進み、［[32]　　　　　］の解体や**改革開放**政策が推進されたが、民主化なき経済改革への不満から、89年に［[33]　　　　　］がおこった。また97年イギリスから［[34]　　　　　］返還が実現し、**「一国二制度」**が採用された。

☐ ⑧南アフリカでは、1991年の差別法全廃で［[35]　　　　　］政策に終止符が打たれ、94年には**アフリカ民族会議**の［[36]　　　　　］が大統領に当選した。

☐ ⑨**インティファーダ**が続くパレスチナをめぐり、1993年に**イスラエル**と**PLO**の間で［[37]　　　　　］が合意されたが、その後ふたたび対立が深まった。

☐ ⑩湾岸戦争後の反米感情の高まりを背景に、2001年にアメリカ合衆国では［[38]　　　　　］がおこった。これに対して合衆国の［[39]　　　　　］大統領は**対テロ戦争**をおこし、アフガニスタンの［[40]　　　　　］政権を打倒した。また03年には［[41]　　　　　］を開始し、［ [10] ］政権を崩壊させた。

☐ ⑪2010年末の［[42]　　　　　］で始まった民主化運動は、エジプトなどにも波及して独裁政権が倒れた。この一連の動きを「［[43]　　　　　］」という。

☐ ⑫アフリカ諸国は、2002年には［[44]　　　　　］(**AU**)を結成した。

☐ ⑬**排外主義**の高まりを背景に、フランスでは国民戦線が台頭し、2020年に［[45]　　　　　］は**EUから離脱**した。また「アメリカ＝ファースト」を掲げ、17年にアメリカ大統領に就任した［[46]　　　　　］は、メキシコからの不法移民を排斥した。

ステップ・アップ・テスト(文の正誤を○×で判定しよう)

☐ ①ハンガリーでは、チャウシェスクが処刑された。(20年本世B)

☐ ②ソ連での反イスラエルの抵抗活動は、インティファーダと呼ばれる。(17年追世A)

20日完成
スピードマスター歴史総合問題集

2024年 3月　初版発行

編　者　黒河　潤二・田中　駿一
発行者　野澤　武史
印刷所　株式会社　明祥
製本所　有限会社　穴口製本所
発行所　株式会社　山川出版社
〒101-0047　東京都千代田区内神田 1 -13-13
電話　03-3293-8131（営業）　03-3293-8135（編集）
https://www.yamakawa.co.jp/

装　幀　水戸部功
本文デザイン　バナナグローブスタジオ

ISBN978-4-634-05814-9　NYZM0101

20日完成

スピードマスター歴史総合問題集

解　答

山川出版社

introduction Speed Check! ✓

江戸時代の日本とアジア諸地域の繁栄

❶ 15・16世紀における東アジアと日本の関わり

- □ 1. 倭寇
- □ 2. 朝貢関係
- □ 3. 豊臣秀吉

❷ 江戸時代の社会と対外交流

- □ 4. 幕藩体制
- □ 5. 武家諸法度
- □ 6. 参勤交代
- □ 7. 禁中並公家諸法度
- □ 8. 長崎
- □ 9. 対馬
- □ 10. 四つの口
- □ 11. オランダ風説書
- □ 12. 朝鮮通信使
- □ 13. 慶賀使
- □ 14. アイヌ

❸ 江戸時代の経済・流通

- □ 15. 生糸
- □ 16. 銀
- □ 17. 三都
- □ 18. 西廻り航路
- □ 19. 北前船
- □ 20. 昆布
- □ 21. 工場制手工業

❹ 幕藩体制のゆらぎ

- □ 22. ラクスマン
- □ 23. レザノフ
- □ 24. フェートン号事件
- □ 25. 異国船打払令
- □ 26. 天保の改革

❺ 明・清の政治と経済

- □ 27. 鄭和
- □ 28. 解禁政策
- □ 29. 金(後金)
- □ 30. 北京
- □ 31. 康熙帝
- □ 32. 藩部
- □ 33. チベット仏教
- □ 34. 辮髪
- □ 35. 台湾
- □ 36. 日本銀・メキシコ銀
- □ 37. 華僑(華人)
- □ 38. イエズス会
- □ 39. 典礼問題
- □ 40. 広州

❻ 西・南アジアのイスラーム帝国と東南アジア

- □ 41. オスマン帝国
- □ 42. スレイマン1世
- □ 43. サファヴィー朝
- □ 44. イスファハーン
- □ 45. ムガル帝国
- □ 46. アクバル
- □ 47. アウラングゼーブ
- □ 48. アユタヤ朝
- □ 49. マラッカ王国
- □ 50. マニラ
- □ 51. 香辛料

1 Speed Check! ✓

ヨーロッパにおける主権国家体制の形成と海外進出、産業革命

- □ a. スペイン
- □ b. ポルトガル
- □ c. 宗教改革
- □ d. イエズス
- □ e. 銀
- □ f. ピューリタン
- □ g. 三十年
- □ h. ルイ14世
- □ i. 名誉
- □ j. 三角貿易
- □ k. 蒸気機関
- □ l. 蒸気機関車
- □ m. 海底電信
- □ n. 地下鉄

❶ 主権国家体制の形成

- □ 1. 神聖ローマ帝国
- □ 2. 主権国家体制
- □ 3. 領邦
- □ 4. ルイ14世
- □ 5. ヴェルサイユ
- □ 6. ピューリタン革命
- □ 7. 名誉革命
- □ 8. 権利の章典
- □ 9. 宗教改革
- □ 10. プロテスタント
- □ 11. イエズス会
- □ 12. 科学革命

❷ ヨーロッパ人の海外進出

- □ 13. 香辛料
- □ 14. マルコ＝ポーロ
- □ 15. ポルトガル
- □ 16. スペイン
- □ 17. 銀
- □ 18. プランテーション
- □ 19. ジャガイモ
- □ 20. 伝染病
- □ 21. 奴隷
- □ 22. ムスリム商人

❸ 産業革命

- □ 23. 綿織物
- □ 24. 三角貿易
- □ 25. 綿工業
- □ 26. 蒸気機関
- □ 27. 資本家
- □ 28. 労働者
- □ 29. 綿花
- □ 30. 世界の工場
- □ 31. 工業化
- □ 32. 蒸気船
- □ 33. 蒸気機関車
- □ 34. 地下鉄
- □ 35. 交通革命
- □ 36. 電信
- □ 37. 大陸横断電信網
- □ 38. 通信革命

《ステップ・アップ・テスト》

- □ ①○
- □ ②○

2 Speed Check! ✓

アメリカ独立革命とフランス革命

- □ a. 印紙法
- □ b. ボストン茶会
- □ c. 独立宣言
- □ d. パリ
- □ e. 三部会(全国三部会)
- □ f. バスティーユ牢獄
- □ g. オーストリア
- □ h. 第一共和政
- □ i. ルイ16世
- □ j. ロベスピエール
- □ k. 大陸封鎖令
- □ l. ロシア遠征

①アメリカ独立革命

□1. 七年戦争
□2. 印紙法
□3. 代表なくして課税なし
□4. ボストン茶会事件
□5. 大陸会議
□6. トマス＝ペイン
□7. トマス＝ジェファソン
□8. 独立宣言
□9. パリ条約
□10. 三権分立

②フランス革命

□11. 啓蒙思想
□12. ルイ16世
□13. 三部会
□14. 国民議会
□15. バスティーユ牢獄
□16. 人権宣言
□17. 立憲君主政
□18. 立法議会
□19. オーストリア・プロイセン
□20. ラ＝マルセイエーズ
□21. 国民公会
□22. ジャコバン派
□23. 徴兵制
□24. ロベスピエール
□25. 恐怖政治
□26. テルミドールの反動
□27. 総裁政府
□28. ナポレオン＝ボナパルト

③ナポレオンのヨーロッパ支配

□29. エジプト遠征
□30. 統領政府
□31. フランス民法典
□32. ナポレオン1世
□33. 神聖ローマ帝国
□34. 大陸封鎖令
□35. フィヒテ
□36. スペイン反乱
□37. ロシア遠征
□38. ワーテルローの戦い

ステップ・アップ・テスト

□①×　フランスは独立側にたって参戦し、イギリスと戦った。
□②○

3 Speed Check! ✓
19世紀前半のヨーロッパ、19世紀のアメリカ大陸

□a. ルイジアナ
□b. ハイチ
□c. 産業革命
□d. ウィーン
□e. 神聖同盟
□f. ギリシア
□g. モンロー宣言
□h. 七月革命
□i. 二月革命
□j. アメリカ＝メキシコ
□k. 三月革命
□l. フランクフルト
□m. ゴールドラッシュ
□n. ナポレオン3世

①19世紀前半のヨーロッパ

□1. ウィーン会議
□2. 正統主義
□3. ドイツ連邦
□4. 神聖同盟
□5. 四国同盟
□6. 自由主義
□7. ナショナリズム
□8. ギリシア独立戦争
□9. 七月革命
□10. ベルギー
□11. 二月革命
□12. ルイ＝ナポレオン
□13. 三月革命
□14. フランクフルト国民議会

②19世紀のアメリカ大陸

□15. トゥサン＝ルヴェルチュール
□16. クリオーリョ
□17. ボリバル
□18. ブラジル
□19. モンロー宣言
□20. ルイジアナ
□21. アメリカ＝メキシコ戦争
□22. ゴールドラッシュ
□23. 先住民強制移住法
□24. 涙の旅路
□25. アメリカ＝イギリス戦争
□26. 自由貿易
□27. 保護関税
□28. リンカン
□29. アメリカ連合国
□30. 奴隷解放宣言
□31. ゲティスバーグの戦い
□32. 人民の、人民による、人民のための政治
□33. 奴隷制廃止
□34. 大陸横断鉄道
□35. フロンティア
□36. アジア系移民

ステップ・アップ・テスト

□①×　ロシアはフランスの誤り。
□②○

4 Speed Check! ✓
19世紀後半のヨーロッパ

□a. 万国博覧会
□b. クリミア戦争
□c. パリ
□d. イタリア
□e. 農奴解放令
□f. アメリカ連合国
□g. 南北戦争
□h. 奴隷解放宣言
□i プロイセン＝オーストリア
□j. 大陸横断鉄道
□k. ドイツ＝フランス
□l. ドイツ
□m. ロシア＝トルコ
□n. サン＝ステファノ
□o. 三国同盟

①19世紀後半のヨーロッパ

□1. 南下政策
□2. クリミア戦争
□3. パリ条約
□4. アレクサンドル2世
□5. 農奴解放令
□6. テロリズム
□7. パクス＝ブリタニカ
□8. 二大政党
□9. 選挙法改正
□10. 労働組合
□11. ナポレオン3世
□12. 第2次アヘン戦争
□13. 第二帝政
□14. 第三共和政
□15. パリ＝コミューン

□16. 政教分離
□17. カヴール
□18. ガリバルディ
□19. ヴィットーリオ＝エマヌエーレ２世
□20. ユンカー
□21. ビスマルク
□22. プロイセン＝オーストリア戦争
□23. ドイツ＝フランス戦争
□24. オーストリア＝ハンガリー帝国
□25. 文化闘争
□26. 社会主義者鎮圧法
□27. 社会民主党
□28. サン＝ステファノ条約
□29. ベルリン会議
□30. 三国同盟
□31. 再保障条約
□32. 第１インターナショナル
□33. ナイティンゲール
□34. 国際赤十字

❷19世紀ヨーロッパの文化・科学

□35. 古典派経済学
□36. マルクス
□37. 功利主義
□38. ヘーゲル
□39. ランケ
□40. ダーウィン
□41. パストゥール
□42. コッホ
□43. レントゲン

ステップ・アップ・テスト

□①×　ロシアはオスマン帝国の誤り。
□②○

5 Speed Check! ✓
西アジアの変容と南アジア・東南アジアの植民地化

□ a. 阮
□ b. マラーター
□ c. ビルマ
□ d. 海峡
□ e. エジプト＝トルコ
□ f. 強制栽培
□ g. タンジマート
□ h. シク
□ i. インド大反乱
□ j. ムガル帝国
□ k. オスマン帝国（ミドハト）
□ l. ウラービー
□ m. 清仏
□ n. フランス領インドシナ連邦

❶西アジアの変容

□ 1. 東方問題
□ 2. ムハンマド＝アリー
□ 3. エジプト＝トルコ戦争
□ 4. スエズ運河
□ 5. ウラービー運動
□ 6. オスマン主義
□ 7. タンジマート
□ 8. クリミア戦争
□ 9. ミドハト＝パシャ
□10. オスマン帝国憲法
□11. ロシア＝トルコ戦争
□12. ガージャール朝
□13. アフガーニー
□14. タバコ＝ボイコット運動

❷インドの植民地化

□15. プラッシーの戦い
□16. 徴税権
□17. マイソール戦争
□18. マラーター戦争
□19. シク戦争
□20. シパーヒー
□21. インド大反乱
□22. ムガル帝国
□23. 東インド会社解散
□24. インド帝国
□25. ヴィクトリア女王

❸東南アジアの植民地化

□26. 強制栽培制度
□27. シンガポール
□28. 海峡植民地
□29. マレー連合州
□30. カトリック
□31. マニラ
□32. 阮福暎
□33. 阮朝
□34. 黒旗軍
□35. 清仏戦争
□36. フランス領インドシナ連邦
□37. チュラロンコン

ステップ・アップ・テスト

□①○
□②×　ラオスはタイの誤り。

6 Speed Check! ✓
アヘン戦争の衝撃と日本の開国

□ a. アヘン
□ b. 太平天国
□ c. ペリー
□ d. 日米和親
□ e. 第２次アヘン（アロー）
□ f. 日米修好通商
□ g. 桜田門外
□ h. 洋務運動
□ i. 薩英
□ j. 薩長同盟
□ k. 大政奉還
□ l. 王政復古

❶アヘン戦争と太平天国の乱

□ 1. 三角貿易
□ 2. アヘン
□ 3. アヘン戦争
□ 4. 南京条約
□ 5. 香港島
□ 6. 第２次アヘン（アロー）戦争
□ 7. 北京条約
□ 8. 洪秀全
□ 9. 太平天国
□10. 洋務運動
□11. 中体西洋

❷日本の開国とその影響

□12. ペリー
□13. 阿部正弘
□14. 日米和親条約
□15. 最恵国待遇
□16. 井伊直弼
□17. 日米修好通商条約
□18. 安政の五カ国条約
□19. 領事裁判権
□20. 関税自主権
□21. 南北戦争
□22. イギリス
□23. 生糸・蚕卵紙
□24. 毛織物・綿織物
□25. 金銀比価問題

□26. 尊王攘夷運動

③幕末の政局

□27. 安政の大獄
□28. 桜田門外の変
□29. 公武合体
□30. 生麦事件
□31. 薩英戦争
□32. 禁門の変(蛤御門の変)
□33. 薩長同盟

④江戸幕府の滅亡

□34. 徳川慶喜
□35. 大政奉還
□36. 岩倉具視
□37. 王政復古の大号令

《ステップ・アップ・テスト》

□①○
□②○

7 Speed Check! ✓

明治維新と富国強兵、立憲国家の成立

□ a. 五箇条の誓文
□ b. 版籍奉還
□ c. 廃藩置県
□ d. 日清修好
□ e. 学制
□ f. 徴兵
□ g. 地租改正
□ h. 民撰議院設立の建白書
□ i. 台湾出兵
□ j. 樺太・千島交換
□ k. 江華島
□ l. 日朝修好
□ m. 沖縄県
□ n. 国会期成同盟
□ o. 大日本帝国憲法

①明治政府の諸改革

□ 1. 戊辰戦争
□ 2. 五箇条の誓文
□ 3. 五榜の掲示
□ 4. 版籍奉還
□ 5. 廃藩置県
□ 6. 華族
□ 7. 士族
□ 8. 平民
□ 9. 地租改正
□10. 徴兵告諭
□11. 徴兵令
□12. 殖産興業
□13. 富岡製糸場
□14. お雇い外国人
□15. 新貨条例
□16. 円・銭・厘
□17. 前島密
□18. 学制
□19. 福沢諭吉
□20. 中村正直

②日本のアジア外交と国境問題

□21. 岩倉使節団
□22. 日清修好条規
□23. 征韓論
□24. 日朝修好条規
□25. 樺太・千島交換条約
□26. 琉球処分

③自由民権運動と大日本帝国憲法

□27. 西南戦争
□28. 民撰議院設立の建白書
□29. 愛国社
□30. 国会期成同盟
□31. 明治十四年の政変
□32. 国会開設
□33. 自由党
□34. 立憲改進党
□35. 三大事件建白運動
□36. 華族令
□37. 内閣制度
□38. 枢密院
□39. 大日本帝国憲法
□40. 天皇大権
□41. 帝国議会

《ステップ・アップ・テスト》

□①○
□②× 領事の駐在・領事裁判権を相互に承認した対等条約である。

8 Speed Check! ✓

帝国主義と世界分割

□ a. チュニジア
□ b. ベルリン=コンゴ
□ c. 社会主義者鎮圧法
□ d. 露仏同盟
□ e. ドレフュス
□ f. アドワ
□ g. アメリカ=スペイン
□ h. ファショダ
□ i. 南アフリカ
□ j. 日英同盟
□ k. 日露
□ l. 英仏協商
□ m. 血の日曜日
□ n. 1905年革命
□ o. 英露協商

①第2次産業革命と帝国主義

□ 1. 第2次産業革命
□ 2. 第2インターナショナル
□ 3. 帝国主義

②列強各国の内政と帝国主義

□ 4. 自治領
□ 5. 労働党
□ 6. アイルランド自治法
□ 7. ドレフュス事件
□ 8. 社会党
□ 9. ヴィルヘルム2世
□10. 世界政策
□11. 社会民主党
□12. 修正主義
□13. シベリア鉄道
□14. 日露戦争
□15. 1905年革命
□16. ニコライ2世
□17. ロシア社会民主労働党
□18. アメリカ=スペイン戦争
□19. セオドア=ローズヴェルト
□20. 棍棒外交
□21. パナマ運河

③世界分割と列強の対立

□22. ベルリン=コンゴ会議
□23. コンゴ
□24. ウラービー運動
□25. ローズ
□26. 南アフリカ戦争
□27. 3C政策
□28. チュニジア
□29. ファショダ事件
□30. 英仏協商
□31. エチオピア
□32. リビア
□33. リベリア
□34. アボリジニ

□35. マオリ
□36. メキシコ革命
□37. 3B政策
□38. 再保障条約更新
□39. 露仏同盟
□40. 日英同盟
□41. 英露協商

《ステップ・アップ・テスト》

□①× ドレフェスはユダヤ系の軍人であった。
□②× ドイツはイギリスの誤り。

9 Speed Check! ✓

東アジアをめぐる国際関係と日清戦争、日本の産業革命

□ a. 江華島
□ b. 日朝修好
□ c. 壬午軍乱
□ d. 甲申事変
□ e. 日清戦争
□ f. 領事裁判権
□ g. 三国干渉
□ h. 大韓帝国

1 朝鮮と清

□ 1. シベリア鉄道
□ 2. 江華島事件
□ 3. 日朝修好条規
□ 4. 大院君
□ 5. 壬午軍乱
□ 6. 金玉均
□ 7. 甲申事変
□ 8. 天津条約
□ 9. 脱亜論
□10. 山県有朋
□11. 利益線

2 日清戦争

□12. 甲午農民戦争
□13. 日清戦争
□14. 領事裁判権
□15. 下関条約
□16. 遼東半島
□17. 台湾
□18. 三国干渉
□19. 台湾総督府
□20. 大韓帝国

3 日本の産業革命

□21. 大阪紡績会社
□22. 綿糸生産
□23. 綿糸輸入
□24. 綿糸輸出
□25. 綿糸輸入
□26. 豊田佐吉
□27. 器械製糸
□28. 座繰製糸
□29. 官営製鉄所
□30. 日本鉄道会社
□31. 東海道線
□32. 賠償金
□33. 金本位制
□34. 財閥

4 明治時代の社会問題

□35. 労働組合期成会
□36. 寄生地主制
□37. 地方改良運動
□38. 社会民主党
□39. 大逆事件

《ステップ・アップ・テスト》

□①○
□②○

10 Speed Check! ✓

日露戦争とその影響

□ a. 三国干渉
□ b. 義和団戦争
□ c. 日英同盟
□ d. 第1次日韓
□ e. 日露
□ f. ポーツマス
□ g. ハーグ密使事件
□ h. 韓国併合
□ i. 朝鮮総督府
□ j. 辛亥革命

1 戊戌の政変と義和団戦争

□ 1. 旅順・大連
□ 2. 九竜半島
□ 3. 康有為
□ 4. 戊戌の変法
□ 5. 戊戌の政変
□ 6. 扶清滅洋
□ 7. 義和団戦争
□ 8. 北京議定書

2 日露戦争とその結果

□ 9. 大韓帝国(韓国)
□10. 日英同盟
□11. 日露戦争
□12. 日本海海戦
□13. 第1次ロシア革命
□14. ウィッテ
□15. ポーツマス条約
□16. 旅順・大連
□17. 長春以南の鉄道利権
□18. 樺太
□19. 第1次日韓協約
□20. 統監府
□21. ハーグ密使事件
□22. 韓国併合条約
□23. 南満洲鉄道株式会社
□24. 光緒新政
□25. 孫文
□26. 中国同盟会
□27. 辛亥革命
□28. 中華民国
□29. 袁世凱

3 アジア諸民族の独立運動

□30. インド国民会議
□31. ベンガル分割令
□32. スワデーシ
□33. スワラージ
□34. 全インド＝ムスリム連盟
□35. イスラーム同盟(サレカット＝イスラム)
□36. ファン＝ボイ＝チャウ
□37. ドンズー(東遊)運動
□38. アブデュルハミト2世
□39. 青年トルコ革命
□40. イラン立憲革命

《ステップ・アップ・テスト》

□①× ポーツマス条約への不満から条約破棄を叫んで暴徒化した日比谷焼き打ち事件が発生した。
□②× 日本は4次にわたる日露協約(1907～16年)を結び、日露関係は急速に接近した。

11 Speed Check! ✓

第一次世界大戦とロシア革命

□ a. バルカン
□ b. サライェヴォ
□ c. 青島

□ d. 二十一カ条の要求
□ e. 無制限潜水艦作戦
□ f. 二月革命
□ g. レーニン
□ h. 十月革命
□ i. 十四カ条
□ j. ブレスト＝リトフスク
□ k. シベリア
□ l. ドイツ革命
□ m. 戦時共産主義
□ n. コミンテルン

1 第一次世界大戦

□ 1. ヨーロッパの火薬庫
□ 2. ボスニア・ヘルツェゴヴィナ
□ 3. バルカン同盟
□ 4. 第1次バルカン戦争
□ 5. 第2次バルカン戦争
□ 6. サライェヴォ事件
□ 7. ベルギー
□ 8. 飛行機・毒ガス・戦車
□ 9. 同盟国
□ 10. 協商国
□ 11. 総力戦
□ 12. 第2インターナショナル
□ 13. 大隈重信
□ 14. 山東省
□ 15. 二十一カ条の要求
□ 16. フセイン・マクマホン協定
□ 17. サイクス・ピコ協定
□ 18. バルフォア宣言
□ 19. 無制限潜水艦作戦
□ 20. アメリカ合衆国
□ 21. 十四カ条
□ 22. キール軍港の水兵反乱
□ 23. ドイツ革命

2 ロシア革命

□ 24. ペトログラード
□ 25. ニコライ2世
□ 26. ソヴィエト
□ 27. ボリシェヴィキ
□ 28. レーニン
□ 29. ケレンスキー
□ 30. 平和に関する布告
□ 31. 土地に関する布告
□ 32. ブレスト＝リトフスク条約
□ 33. モスクワ
□ 34. コミンテルン
□ 35. シベリア出兵
□ 36. 赤軍
□ 37. 戦時共産主義
□ 38. 新経済政策
□ 39. ソヴィエト社会主義共和国連邦
□ 40. 尼港事件
□ 41. 日ソ基本条約

《ステップ・アップ・テスト》

□ ①○
□ ②× 日ソ基本条約の締結後、日本は北樺太から撤退した。

12 Speed Check! ✓

第一次世界大戦後の欧米諸国とアジア・アフリカ地域の民族運動

□ a. パリ講和
□ b. ヴァイマル
□ c. 三・一独立
□ d. ローラット法
□ e. 五・四
□ f. 国際連盟
□ g. ワシントン
□ h. ローマ進軍
□ i. ルール
□ j. ローザンヌ
□ k. 労働党
□ l. 国共合作
□ m. ロカルノ
□ n. パフレヴィー
□ o. 北伐
□ p. 不戦
□ q. プールナ＝スワラージ

1 国際平和と安全保障

□ 1. パリ講和会議
□ 2. ヴェルサイユ条約
□ 3. アルザス・ロレーヌ
□ 4. 委任統治
□ 5. 国際連盟
□ 6. アメリカ合衆国
□ 7. ワシントン会議
□ 8. 海軍軍備制限条約
□ 9. 九カ国条約
□ 10. 四カ国条約
□ 11. 日英同盟
□ 12. 選挙法改正
□ 13. イギリス連邦
□ 14. アイルランド独立戦争
□ 15. ルール占領
□ 16. ヴァイマル憲法
□ 17. シュトレーゼマン
□ 18. ドーズ案
□ 19. ムッソリーニ
□ 20. ローマ進軍
□ 21. ロカルノ条約
□ 22. 不戦条約

2 アジア・アフリカ地域の民族運動

□ 23. 三・一独立運動
□ 24. 文化政治
□ 25. 五・四運動
□ 26. 陳独秀
□ 27. 第1次国共合作
□ 28. 蔣介石
□ 29. 上海クーデタ
□ 30. 張作霖
□ 31. 張学良
□ 32. 毛沢東
□ 33. 中華ソヴィエト共和国臨時政府
□ 34. ローラット法
□ 35. ガンディー
□ 36. プールナ＝スワラージ
□ 37. パキスタン
□ 38. スカルノ
□ 39. ホー＝チ＝ミン
□ 40. タキン党
□ 41. アフリカ民族会議
□ 42. ムスタファ＝ケマル
□ 43. ローザンヌ条約
□ 44. バルフォア宣言
□ 45. レザー＝ハーン

《ステップ・アップ・テスト》

□ ①× 上院の反対で国際連盟に参加しなかったのはアメリカ。
□ ②○

13 Speed Check! ✓

大衆消費社会の到来、広がる社会運動と普選選挙の実現

□ a. 第1次護憲運動
□ b. 大正政変

□ c. 吉野作造
□ d. 米騒動
□ e. 原敬
□ f. 新婦人協会
□ g. 全国水平社
□ h. 第２次護憲運動
□ i. 日ソ基本条約
□ j. 普通選挙
□ k. 治安維持

1 アメリカ合衆国の繁栄

□ 1. 債権国
□ 2. 大衆消費社会
□ 3. フォード社
□ 4. ラジオ放送
□ 5. 都市中間層
□ 6. クー＝クラックス＝クラン（KKK）
□ 7. 移民法

2 日本における大衆文化

□ 8. 円本
□ 9. 職業婦人
□ 10. ラジオ放送

3 大衆の政治参加

□ 11. 第１次護憲運動
□ 12. 大正政変
□ 13. 米騒動
□ 14. 原敬
□ 15. 政党内閣
□ 16. 美濃部達吉
□ 17. 民本主義
□ 18. 大正デモクラシー
□ 19. 護憲三派
□ 20. 第２次護憲運動
□ 21. 普通選挙法
□ 22. 治安維持法

4 社会運動の広がり

□ 23. 国際労働機関（ILO）
□ 24. 労働争議
□ 25. 日本労働総同盟
□ 26. 日本農民組合
□ 27. 市川房枝
□ 28. 新婦人協会
□ 29. 全国水平社
□ 30. 日本共産党

《ステップ・アップ・テスト》

□ ①○
□ ②○

14 Speed Check! ✓

世界恐慌とファシズムの台頭、満洲事変と軍部の台頭、日中戦争

□ a. 満洲事変
□ b. ニューディール
□ c. 満洲国
□ d. ヒトラー
□ e. 国際連盟
□ f. ザール地方
□ g. 天皇機関説
□ h. ラインラント
□ i. 二・二六
□ j. スペイン内戦
□ k. 西安事件
□ l. 日独伊三国防共協定
□ m. 日中戦争
□ n. ミュンヘン
□ o. 国家総動員法
□ p. 独ソ不可侵条約

1 世界恐慌の発生と各国の対応

□ 1. ニューヨーク株式市場
□ 2. ブロック経済
□ 3. フランクリン＝ローズヴェルト
□ 4. 農業調整法
□ 5. テネシー川流域開発公社
□ 6. 善隣外交
□ 7. ラパロ条約
□ 8. スターリン
□ 9. 五カ年計画

2 ファシズムの台頭

□ 10. ナチ党
□ 11. 全権委任法
□ 12. ザール地方
□ 13. ラインラント
□ 14. エチオピア
□ 15. 日独伊三国同盟
□ 16. 人民戦線
□ 17. スペイン内戦
□ 18. オーストリア
□ 19. ズデーテン地方
□ 20. ミュンヘン会談
□ 21. 独ソ不可侵条約

3 日本の恐慌と満洲事変

□ 22. 幣原外交
□ 23. 不戦条約
□ 24. 山東出兵
□ 25. 張作霖
□ 26. ロンドン海軍軍備制限条約
□ 27. 統帥権干犯
□ 28. 昭和恐慌
□ 29. 満洲事変
□ 30. 満洲国
□ 31. 国際連盟

4 日中戦争と国内外の動き

□ 32. 五・一五事件
□ 33. 天皇機関説事件
□ 34. 国体明徴声明
□ 35. 二・二六事件
□ 36. 華北分離工作
□ 37. 西安事件
□ 38. 盧溝橋事件
□ 39. 第２次国共合作
□ 40. 近衛文麿
□ 41. 東亜新秩序
□ 42. 援蔣ルート
□ 43. 国民精神総動員運動
□ 44. 戦時統制
□ 45. 国家総動員法
□ 46. 大政翼賛会

《ステップ・アップ・テスト》

□ ①×　ジャクソンはフランクリン＝ローズヴェルトの誤り。
□ ②○

15 Speed Check! ✓

第二次世界大戦と太平洋戦争、新たな国際秩序と冷戦の始まり

□ a. ポーランド
□ b. ヴィシー
□ c. 独ソ戦
□ d. 大西洋憲章
□ e. 日ソ中立
□ f. ミッドウェー海戦
□ g. スターリングラード
□ h. カイロ宣言
□ i. 空襲
□ j. ノルマンディー
□ k. ヤルタ
□ l. ポツダム宣言
□ m. インドシナ
□ n. ベルリン
□ o. 中東戦争

□p. 中華人民共和国

1 第二次世界大戦

□1. ポーランド
□2. ヴィシー政府
□3. ド＝ゴール
□4. 独ソ戦
□5. 大西洋憲章
□6. 日ソ中立条約
□7. 南部仏印進駐
□8. 石油全面禁輸
□9. 東条英機
□10. マレー半島
□11. 真珠湾
□12. 大東亜共栄圏
□13. サイパン島
□14. カイロ宣言
□15. ヤルタ会談
□16. ポツダム宣言
□17. 広島・長崎
□18. 玉音放送

2 新たな国際秩序と冷戦の始まり

□19. 拒否権
□20. 関税と貿易に関する一般協定
□21. 冷戦
□22. トルーマン＝ドクトリン
□23. マーシャル＝プラン
□24. コミンフォルム
□25. チェコスロヴァキア＝クーデタ
□26. ベルリン封鎖
□27. ドイツ連邦共和国
□28. ドイツ民主共和国
□29. コメコン

3 アジア諸地域の独立

□30. 台湾
□31. 毛沢東
□32. 中ソ友好同盟相互援助条約
□33. 38度線
□34. 李承晩
□35. 金日成
□36. 朝鮮戦争
□37. スカルノ
□38. ホー＝チ＝ミン
□39. インドシナ戦争
□40. ジュネーヴ休戦協定
□41. ネルー
□42. ジンナー
□43. モサッデグ
□44. パフレヴィー2世
□45. イスラエル
□46. 第1次中東戦争

ステップ・アップ・テスト

□①× ソ連の対日参戦は1945年。
□②× 鉄道国有化は石油国有化の誤り。

16 Speed Check! ✓
占領下の日本と経済復興

□a. 財閥解体
□b. 労働組合
□c. 労働基準
□d. 独占禁止
□e. ドッジ＝ライン
□f. 警察予備隊

1 占領下の政策

□1. マッカーサー
□2. 連合国(軍)最高司令官総司令部(GHQ)
□3. 極東委員会
□4. 対日理事会
□5. 人権指令
□6. 極東国際軍事裁判
□7. 東京裁判
□8. 公職追放令
□9. 女性参政権
□10. 日本国憲法
□11. 農地改革
□12. 労働組合法
□13. 労働関係調整法
□14. 労働基準法
□15. 財閥解体
□16. 独占禁止法
□17. 教育基本法
□18. 闇市
□19. 金融緊急措置令

2 日本国憲法の制定

□20. 象徴天皇制
□21. 国民主権
□22. 戦争放棄
□23. 基本的人権の尊重
(21～23は順不同)

3 占領政策の転換と日本の独立

□24. 非軍事化
□25. 民主化
□26. 経済復興優先
□27. ドッジ＝ライン
□28. 単一為替レート
□29. レッド＝パージ
□30. 朝鮮戦争
□31. 特需景気
□32. 警察予備隊
□33. 自衛隊
□34. サンフランシスコ平和条約
□35. 沖縄
□36. 単独講和
□37. 日米安全保障条約

ステップ・アップ・テスト

□①× ソ連・ポーランド・チェコは調印を拒否し、中華民国や中華人民共和国は会議に招かれなかった。
□②× 保安隊は1952年に発足。警察予備隊を改編した保安隊と警備隊とがその組織下に入った。

17 Speed Check! ✓
冷戦の展開と第三世界の形成

□a. 北大西洋条約機構
□b. シューマン＝プラン
□c. エジプト
□d. 第五福竜丸
□e. ネルー・周恩来
□f. ワルシャワ条約機構
□g. アジア＝アフリカ
□h. ジュネーヴ
□i. スターリン批判
□j. スエズ運河国有化
□k. スエズ
□l. スプートニク1号
□m. ガーナ
□n. キューバ
□o. 中印国境
□p. アフリカの年

1 米ソ両大国の対立と平和共存

□1. 北大西洋条約機構
□2. 米州機構
□3. 東南アジア条約機構

□4. バグダード条約機構
□5. ワルシャワ条約機構
□6. 赤狩り
□7. 水素爆弾
□8. 第五福竜丸事件
□9. 軍産複合体
□10. フルシチョフ
□11. スターリン批判
□12. ポーランド
□13. ハンガリー
□14. 毛沢東
□15. スプートニク1号
□16. ベルリンの壁
□17. アトリー
□18. アイルランド
□19. 第四共和政
□20. 第五共和政
□21. ド＝ゴール
□22. NATO の軍事部門から脱退
□23. アデナウアー
□24. シューマン＝プラン
□25. ヨーロッパ共同体

② 第三世界の連携と試練

□26. 周恩来
□27. ネルー
□28. 平和五原則
□29. アジア＝アフリカ会議
□30. 非同盟諸国首脳会議
□31. カシミール
□32. チベット
□33. 中印国境紛争
□34. バングラデシュ
□35. アルジェリア
□36. エンクルマ(ンクルマ)
□37. ガーナ
□38. アフリカの年
□39. コンゴ動乱
□40. アフリカ統一機構
□41. エジプト革命
□42. ナセル
□43. スエズ運河の国有化
□44. 第3次中東戦争
□45. アルゼンチン
□46. カストロ
□47. キューバ革命

《ステップ・アップ・テスト》

□①× ブレジネフはフルシチョフの誤り。
□②× ネパールはバングラデシュの誤り。

18 Speed Check! ✓
緊張緩和と冷戦構造のゆらぎ

□ a. キューバ危機
□ b. 部分的核実験禁止条約
□ c. ベトナム戦争
□ d. 日韓基本条約
□ e. シンガポール
□ f. プロレタリア文化大革命
□ g. 東南アジア諸国連合
□ h. チェコスロヴァキア
□ i. スハルト
□ j. 核拡散防止条約
□ k. 東方
□ l. 国境紛争
□ m. ニクソン
□ n. ベトナム(パリ)和平協定
□ o. 国連同時加盟

① 核戦争の恐怖から軍縮へ

□1. キューバ危機
□2. ホットライン
□3. 部分的核実験禁止条約
□4. 核拡散防止条約
□5. 東方外交
□6. 国連同時加盟

② 冷戦構造のゆらぎ

□7. 毛沢東
□8. 大躍進
□9. 劉少奇
□10. 鄧小平
□11. プロレタリア文化大革命
□12. 紅衛兵
□13. 中ソ対立
□14. ブレジネフ
□15. プラハの春
□16. 南ベトナム解放民族戦線
□17. ジョンソン
□18. 北爆
□19. ベトナム戦争
□20. 公民権
□21. カウンターカルチャー
□22. ニクソン
□23. ベトナム(パリ)和平協定
□24. サイゴン
□25. 中華人民共和国

③ アジア諸地域の経済発展と市場開放

□26. 開発独裁
□27. 新興工業経済地域
□28. 東南アジア諸国連合
□29. 朴正熙
□30. 日韓基本条約
□31. 輸出指向型
□32. シンガポール
□33. マレーシア
□34. リー＝クアンユー
□35. マハティール
□36. スハルト
□37. 四つの現代化
□38. 日中平和友好条約

《ステップ・アップ・テスト》

□①× 米仏ソではなく米英ソ。
□②× ベトナムはフィリピンの誤り。

19 Speed Check! ✓
冷戦下の日本と高度経済成長、世界経済の転換

□ a. サンフランシスコ平和
□ b. 日米安全保障
□ c. 55年体制
□ d. 日ソ共同
□ e. 日韓基本
□ f. 日中共同
□ g. 日中平和友好
□ h. プラザ合意
□ i. PKO 協力法
□ j. 阪神・淡路
□ k. 東日本

① 55年体制成立と国際社会への復帰

□1. 日本社会党
□2. 自由民主党
□3. 55年体制
□4. 日ソ共同宣言
□5. 日米相互協力及び安全保障条約
□6. 高度経済成長
□7. 日韓基本条約
□8. 沖縄返還協定
□9. 日中共同声明

□10. 日中平和友好条約

❷ 高度経済成長

□11. 特需景気
□12. もはや戦後ではない
□13. エネルギー革命
□14. 核家族
□15. 三種の神器
□16. 自動車(カー)
□17. カラーテレビ
□18. クーラー(ルームエアコン)
□19. 過疎化
□20. 水俣病
□21. 四日市ぜんそく
□22. イタイイタイ病
□23. 新潟水俣病
□24. 公害対策基本法

❸ 世界経済の転換

□25. ベトナム戦争
□26. ドル=ショック
□27. 変動相場制
□28. 第4次中東戦争
□29. アラブ石油輸出国機構
□30. 石油危機
□31. 第2次石油危機
□32. レーガン
□33. サッチャー
□34. 新自由主義

❹ 国際社会のなかの日本

□35. 貿易摩擦
□36. 政府開発援助
□37. プラザ合意

ステップ・アップ・テスト

□①○
□②× イタイイタイ病は三井金属神岡鉱山から神通川に流出したカドミウムによって発生した公害病。

20 Speed Check! ✓

冷戦の終結と国際社会の変容

□ a. イラン=イラク
□ b. フォークランド
□ c. チョルノービリ
□ d. マルコス
□ e. 中距離核戦力
□ f. 冷戦終結
□ g. 天安門
□ h. クウェート
□ i. ソ連
□ j. 湾岸
□ k. マーストリヒト条約
□ l. パレスチナ暫定自治
□ m. 北米自由貿易協定
□ n. マンデラ
□ o. 香港
□ p. 南北首脳
□ q. 同時多発テロ
□ r. イラク
□ s. フセイン

❶ 冷戦の終結

□ 1. アフガニスタン
□ 2. レーガン
□ 3. ゴルバチョフ
□ 4. ペレストロイカ
□ 5. 中距離核戦力
□ 6. ベルリンの壁
□ 7. チャウシェスク
□ 8. マルタ会談
□ 9. イラン=イスラーム革命
□10. フセイン
□11. イラン=イラク戦争
□12. クウェート
□13. 湾岸戦争
□14. 独立国家共同体
□15. ユーゴスラヴィア
□16. コソヴォ
□17. マーストリヒト条約
□18. ヨーロッパ連合
□19. ユーロ危機

❷ 開発途上国の民主化と現代の課題

□20. フォークランド戦争
□21. アジェンデ
□22. ドイモイ
□23. シハヌーク
□24. アウン=サン=スー=チー
□25. スハルト
□26. インド人民党
□27. 光州事件
□28. 金大中
□29. 李登輝
□30. 陳水扁
□31. 鄧小平
□32. 人民公社
□33. 天安門事件
□34. 香港
□35. アパルトヘイト
□36. マンデラ
□37. パレスチナ暫定自治協定
□38. 同時多発テロ事件
□39. ブッシュ
□40. ターリバーン
□41. イラク戦争
□42. チュニジア
□43. アラブの春
□44. アフリカ連合
□45. イギリス
□46. トランプ

ステップ・アップ・テスト

□①× ハンガリーはルーマニアの誤り。
□②× ソ連はパレスチナの誤り。

20日完成
スピードマスター歴史総合問題集　解答

2024年3月　初版発行

編　者　黒河　潤二・田中　駿一
発行者　野澤　武史
印刷所　株式会社　明祥
製本所　有限会社　穴口製本所
発行所　株式会社　山川出版社
〒101-0047　東京都千代田区内神田1-13-13
電話　03-3293-8131(営業)　03-3293-8135(編集)
https://www.yamakawa.co.jp/

本文デザイン　バナナグローブスタジオ

ISBN978-4-634-05814-9　NYZM0101